CLASSEMENT DES RANDONNÉES

Très facile	Facile	Moyen	Difficile

LES SENTIERS DE GRANDE RANDONNÉE®

DÉPARTEMENT COMMUNICATION IGN

Avertissement : les renseignements fournis dans ce topo-guide sont exacts au moment de l'édition. Toutefois, certaines transformations du paysage engendrées par l'urbanisation, la création de nouvelles routes ou lignes ferroviaires, l'exploitation forestière ou agricole, etc., peuvent modifier le tracé des itinéraires. Le balisage sur le terrain devient alors l'élément prioritaire du repérage, avant la carte et le descriptif. N'hésitez pas à nous signaler les changements. Les modifications seront intégrées lors de la réédition.

1ère édition : mai 2001
© FFRP – CNSGR 2001 / ISBN 2-85699-885-2 / © IGN 2001(fond de cartes)
Dépôt légal : août 2002

Les pays de France *à pied*®

Le Pays de
Saint-Malo *à pied*®

36 promenades et randonnées
Tour du Pays Malouin

EN
ILLE-ET-VILAINE,
SOYONS FIERS
DE NOTRE
ENVIRONNEMENT.

CONSEIL GENERAL
D'ILLE ET VILAINE

Fédération **F**rançaise de la **R**andonnée **P**édestre
association reconnue d'utilité publique
14, rue Riquet
75019 PARIS

Cathédrale de Dol-de-Bretagne. *Photo Y. B.*

Ille-et-Vilaine naturellement !

L'Ille-et-Vilaine offre une diversité de paysages et de milieux exceptionnels. Leur variété constitue un atout précieux pour notre cadre de vie, pour la préservation de la flore et de la faune ainsi que pour un environnement de qualité.

L'île des landes - pointe du Grouin à Cancale.

L'aménagement des espaces naturels et des chemins de randonnée est un des points forts de la politique environnementale du Conseil général.

La loi a attribué la compétence des chemins de randonnée aux départements. Ils sont responsables du Plan Départemental des Itinéraires de Promenade et de Randonnée (PDIPR).

Actuellement, le PDIPR d'Ille-et-Vilaine comporte :
● 5 200 km de circuits dont 1 500 km d'intérêt départemental et 3 700 km d'intérêt local (pédestre ou/et équestre),

● 80 km de voies SNCF déclassées, aménagées pour la promenade pédestre,
● 150 km de chemins des douaniers sur le littoral,
● 110 km de chemins de halage le long du canal d'Ille et Rance et de la Vilaine.
Le Département gère directement les circuits d'intérêt départemental. Il a confié l'entretien des circuits d'intérêt local aux collectivités moyennant une aide de 250 F/km.

Le Conseil général a signé une convention avec le Comité Départemental de la Fédération Française de la Randonnée Pédestre (C.D.F.F.R.P.) pour rechercher de nouveaux itinéraires, ainsi que pour le balisage.

En l'an 2000, nous avons confié une nouvelle mission à deux partenaires (Le C.D.F.F.R.P. et l'Association des Amis du Cheval d'Ille-et-Vilaine) : **l'établissement d'un label de qualité pour les 1 500 km d'itinéraire départemental.**

En partenariat avec les associations, notre objectif est d'offrir aux promeneurs et randonneurs d'Ille-et-Vilaine un grand choix de sentiers où chacun, à son rythme, puisse apprécier la diversité et la qualité de notre environnement naturel.

Bonne promenade à tous.

Le Président du Conseil général

Découvrir le pays de Saint-Malo

Anses sableuses et falaises abruptes de gneiss ou migmatite de la Côte d'Emeraude, estuaire vallonné et sinueux de la Rance, immensité de la baie du Mont-Saint-Michel, infini mélancolique du marais de Dol, bocage verdoyant, profonds vallons boisés, chemins creux et forêts des massifs granitiques de l'est et du sud : la région par sa diversité comble le randonneur.

Saint-Malo. *Photo Y. B.*

De la préhistoire à l'épisode de la Ligue

La trace de l'homme remonte au paléolithique moyen. Le nom des bourgs indique que nous nous trouvons à la limite est de l'immigration bretonne. C'est là que débarquèrent les abbés évêques Samson et Malo et les moines gallois évangélisateurs et défricheurs, saints bretons à la vie légendaire qui donneront leur nom à des paroisses. Le reflux du celtique s'effectuera ensuite et les villages et lieux-dits créés au début du second millénaire seront de toponymie romane.

Au Moyen Age, le pays sera sous la menace de ses puissants voisins, normand, angevin, britannique et franc, avec lesquels les Bretons noueront des alliances de circonstance. De Pierre de Dreux à la duchesse Anne, la région se développera, sauf pendant la guerre de Succession dans laquelle s'illustrera le futur connétable Du Guesclin. Après l'épisode sanglant de la Ligue, le pays deviendra prospère et Saint-Malo sera le premier port français au 17e siècle.

Une faune et une flore à dominante maritime

Les hautes falaises littorales abritent cormorans et goélands. Dans les fissures sèches, s'insinuent des plantes charnues comme la criste marine et la spergulaire des rochers. Les hauts de falaises et corniches des façades Ouest battues par les vents sont fleuris d'un tapis bigarré de plantes en coussinet - armérie, jasione et silène maritimes, orpin

Orpin renversé *(photo C. B.)* et cormoran huppé *(photo Ph. P/SEPNB)*

d'Angleterre sur les rochers - dominées par la carotte à gomme et la fétuque rouge. La pelouse plus haute à dactyle est le domaine du pipit maritime.

Au-dessus, la végétation prostrée de la lande basse où se mêle l'or des ajoncs nains à la bruyère cendrée et aux callunes est le milieu du pipit farlouse. La fauvette pitchou est l'hôte caractéristique de la lande haute à ajonc d'Europe et grande fougère aigle des sommets. A l'abri du vent, la végétation arbustive de la lande haute héberge de nombreux passereaux.

La côte cancalaise au microclimat très doux possède un petit air méridional avec ses pins et espèces méditerranéennes comme le chêne vert et l'arroche marine au feuillage argenté.

Des milliers d'oiseaux migrateurs hivernent ou font halte au printemps et à l'automne dans les grands espaces vaseux ou herbeux de la Baie et des estuaires riches en nourriture : limicoles capturant avec leur long bec les animaux vivant dans la vase, laridés (goélands, mouette rieuse) et anatidés, oiseaux à bec plat, comme les oies et les canards. Les prairies inondables, les roselières des marais intérieurs et les polders accueillent aussi un grand nombre d'oiseaux.

Au printemps, talus, sous-bois et chemins creux du bocage sont tapissés de fleurs : primevère printanière, ficaire, anémone sylvie, pervenche, jacinthe, stellaire... Un petit monde diversifié et discret d'insectes, de rongeurs et d'oiseaux se cache dans ces haies.

Grèbe huppé. *Dessin P. R.*

Une activité économique liée à la mer

L'histoire de la région a toujours été liée à la mer. A ses périls : c'est d'elle que viendront les raids vikings puis anglais. A ses richesses : l'exportation des produits agricoles et manufacturés de l'arrière-pays, l'armement pour Terre-Neuve, les chantiers navals, la " course ", le trafic vers les mers du Sud, la pêche ont assuré sa prospérité, relayés par le tourisme balnéaire et de plaisance et la conchyliculture. L'agriculture du Clos-Poulet a tiré parti des engrais marins, celle du marais blanc et des polders, des riches

Corps de garde sur le sentier des douaniers *Photo Y. B.*

Bords de Rance. *Photo Y. B.*

sédiments que la mer y a abandonnés.

Les demeures des 17 et 18e siècles de " ces Messieurs de Saint-Malo " et les malouinières témoignent de la richesse des lignées de négociants et d'armateurs comme les Magon et les Danycan. Porte ouverte sur l'Angleterre et les îles anglo-normandes, possédant une belle flottille de grands chalutiers, Saint-Malo regarde toujours vers le large avec la Course du Rhum, la Transat Québec-Saint-Malo et des festivals au parfum d'aventure : " Etonnants Voyageurs ", " Quai des Bulles "...

Un important patrimoine

Le pays possède un patrimoine religieux remarquable avec les cathédrales de Dol, Dinan et Saint-Malo et des belles églises rurales à Saint-Lunaire, Saint-Suliac, Trans, au Mont-Dol... Chapelles, oratoires, croix pattées archaïques ou naïvement sculptées abondent.

On découvre à pied moulins à vent ou à marée, mais aussi puits, " douets " (lavoirs) et fours à pain. L'habitat rural est bien préservé, des bâtisses de granit aux portes cintrées du " terrain ", de l'arrière-pays de Dol et de Bazouges-la-Pérouse, aux villages de marins de Cancale ; des façades en moellons de schiste de la Rance aux " maisons de capitaine " ornées de linteaux de granit.

L'enfant du pays le plus célèbre est, bien sûr, Chateaubriand dont les trois premiers tomes des Mémoires d'Outre-Tombe nous offrent une visite imaginaire du pays, de Dinan à Saint-Malo, du Mont-Dol à Combourg. La côte et la Rance ont attiré les peintres qui se sont aussi intéressés à leurs habitants, Cancalaises, marins, paysannes...C'est à la pointe du Décollé que Debussy trouva l'inspiration pour " La Mer ".

Le pays se déguste aussi à table : huîtres de Cancale, moules du Vivier, coquillages, crustacés et poissons de la Baie ou bien oie à rôtir de Sougéal et agneau de pré salé. Pour les petits creux, une galette, une crêpe ou des craquelins. Arrosez d'une bolée de cidre !

Photo C. B.

Choisir sa randonnée

Les randonnées sont classées par ordre de difficulté.

Elles sont différenciées par des couleurs dans la fiche pratique de chaque circuit.

très facile   Moins de 2 heures de marche.
Idéale à faire en famille, sur des chemins bien tracés.

facile   Moins de 3 heures de marche.
Peut être faite en famille. Sur des chemins, avec quelquefois des passages moins faciles.

moyen   Moins de 4 heures de marche.
Pour randonneur habitué à la marche. Avec quelquefois des endroits assez sportifs ou des dénivelées.

difficile   Plus de 4 heures de marche.
Pour randonneur expérimenté et sportif. L'itinéraire est long ou difficile (dénivelée, passages délicats), ou les deux à la fois.

Durée de la randonnée

La durée de chaque circuit est donnée à titre indicatif. Elle tient compte de la longueur de la randonnée, des dénivelées et des éventuelles difficultés.

Pas de complexe à avoir pour ceux qui marchent à «deux à l'heure» avec le dernier bambin, en photographiant les fleurs.

Quand randonner ?

■ **Recommandations**

• Il est dangereux de pratiquer le sentier du littoral en bord de falaise par temps de grand vent. Météo France sur le département : 08 36 68 02 35. Prévisions côtières départementales : 08 36 68 08 35. Prévisions marines pour le large : 08 36 68 08 77.

• Pour les itinéraires non praticables à marée haute, au sud du barrage de la Rance, consulter le journal local ou l'EDF (tél. 02 99 16 37 33), le régime des marées étant fixé par l'usine marémotrice.

 ■ **Automne-hiver :** les forêts sont somptueuses en automne, les champignons sont au rendez-vous (leur cueillette est réglementée), et déjà les grandes vagues d'oiseaux migrateurs animent les eaux glacées.

■ **Printemps-été :** suivant les altitudes et les régions, les mille coloris des fleurs animent les parcs et les jardins, les bords des chemins et les champs.

■ Les journées longues de l'été permettent les grandes randonnées, mais attention au coup de chaleur. Il faut boire beaucoup d'eau.

 *Avant de partir, s'informer sur le temps prévu pour la journée, en téléphonant à Météo France : 08 92 68 02 35*

 # Pour se rendre sur place

En voiture

Tous les points de départ sont facilement accessibles par la route.
Un parking est situé à proximité du départ de chaque randonnée.
Ne laissez pas d'objet apparent dans votre véhicule.

Par les transports en commun

■ Pour les dessertes SNCF, les horaires sont à consulter dans les gares ou par tél. au 08 36 35 35 35 ou sur Minitel au 3615 *SNCF*, ou encore sur internet : www.sncf.fr

■ Pour se déplacer en car, se renseigner à la Gare routière de Rennes, tél. 02 99 30 87 80

■ Pour le service de Vedettes sur la Rance : renseignements auprès d'Emeraude Lines tél. 02 23 18 15 15 (service côtier, d'avril à septembre)

Où manger et dormir dans la région ?

Un pique nique sur place ?

Chez l'épicier du village, le boulanger ou le boucher, mille et une occasions de découvrir les produits locaux.

Pour découvrir un village ?

Des terrasses sympathiques où souffler et prendre un verre.

Une petite faim ?

Les restaurants proposent souvent des menus du terroir. Les tables d'hôtes et les fermes-auberges racontent dans votre assiette les spécialités du coin.

Une envie de rester plus longtemps ?

De nombreuses possibilités d'hébergement existent dans la région.

*A la terrasse
d'un bon coin,
après la randonnée.*

Boire, manger et dormir dans la région ? •	ALIMENTATION	RESTAURANT	CAFÉ	HEBERGEMENT
Baguer-Pican	X	X	X	X
Bazouges-La-Pérouse	X	X	X	X
Cancale	X	X	X	X
Cherrueix		X	X	X
Dinan	X	X	X	X
Dinard	X	X	X	X
Dol-de-Bretagne	X	X	X	X
La Boussac	X	X	X	X
La Richardais	X	X	X	X
Langrolay-sur-Rance (La Ville-Chevalier)	X		X	X
Lanvallay	X	X	X	X
Le Minihic-sur-Rance	X		X	X
Le Vivier-sur-Mer	X	X	X	X
Lyvet (La Vicomté-sur-Rance)		X	X	
Paramé (Le Minihic)		X	X	
Pleine-Fougères	X	X	X	X
Pleurtuit (cale de Jouvente)		X	X	X
Plouër-sur-Rance	X	X	X	X
Rothéneuf	X	X	X	X
Roz-sur-Couesnon		X		X
Saint-Briac-sur-Mer	X	X	X	X
Saint-Broladre	X	X	X	X
Saint-Coulomb	X	X	X	X
Saint-Jouan-des-Guérets	X	X	X	X
Saint-Lunaire	X	X	X	X
Saint-Malo	X	X	X	X
Saint-Marcan		X		X
Saint-Pierre-de-Plesguen	X	X	X	X
Saint-Servan-sur-Mer	X	X	X	X
Saint-Suliac	X	X	X	X
Sougéal	X		X	
Taden	X	X	X	X
Trans			X	X
Vieux-Viel			X	X

La randonnée est reportée en rouge sur la carte IGN

Rivière

gVillage

La forêt (en vert)

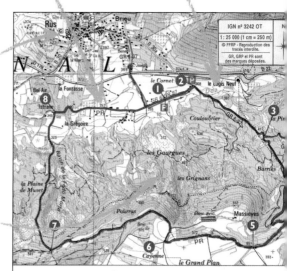

IGN n° 3242 OT

1 : 25 000 (1 cm = 250 m)

© FFRP - Reproduction des tracés interdite.

GR, GRP et PR sont des marques déposées.

La fabrication de l'ocre

Le minerai brut d'extraction doit être lavé pour séparer l'ocre marchande des sables inertes. L'eau délaie la matière brute qui décante pendant le trajet pour ne laisser subsister que de l'ocre pur que le courant emporte dans les bassins. Après plusieurs jours de repos dans les bassins, l'eau de surface ne contient plus d'ocre. La couche d'ocre déposée au fond peut atteindre 70 à 80 cm d'épaisseur. Encore à l'état pâteux, la surface de l'ocre est griffée à l'aide d'un carrelet. Elle est ensuite découpée à la bêche et entassée en murs réguliers où les briquettes d'ocre achèvent de sécher. Le matériau part ensuite pour l'usine où s'achèvera son cycle de préparation : broyage, blutage et cuisson.

Colorado provençal. Photo D. G.

52

Pour en savoir plus

Nom et Numéro de la randonnée

Pour se rendre sur place

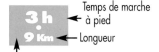

Temps de marche ← à pied

Longueur ←

Classement de la randonnée :

Très facile   Moyen

Facile   Difficile

Le Sentier des Ocres

 Fiche pratique **17**

Cet itinéraire présente le double avantage d'une découverte à la fois panoramique et intime des ocres.

Situation : Rustre. sur la D 22 à 13 km au Nord-Est d' Ant

Parking communal de Rustrel

Balisage
① à ③ blanc-rouge
③ à ① jaune

Difficulté particulière
■ passages raides dans la descente sur Istrane

 Ne pas oublier

❶ Du parking, emprunter la route vers l'Est.

❷ Dans le prochain virage à gauche, prendre à droite l'ancien chemin de Rustrel à Viens qui descend vers la Doa. Franchir le torrent. Passer à côté d'un cabanon en ruine. Un peu plus haut, le chemin surplombe un cirque de sables ocreux.

❸ Laisser le GR° 6 à gauche. Plus haut le chemin surplombe le ravin de Barries et le moulin du même nom. En haut du vallon de Barries, prendre à gauche une route.

❹ Au carrefour suivant, tourner à droite.

❺ Après une petite ferme entourée de cèdres et de cyprès, prendre à droite le chemin qui parcourt le rebord du plateau.

❻ Après une courte descente, prendre à droite. Suivre le haut du ravin des Gourgues. Ne pas prendre le prochain sentier sur la gauche. A la bifurcation suivante, prendre à gauche le sentier à peu près horizontal qui s'oriente vers l'Ouest. Un peu plus loin, longer une très longue bande de terre cultivée. Se diriger vers la colline de la Croix de Cristol.

❼ Au pied de celle-ci prendre à droite le sentier qui descend vers Istrane. Il s'ag. de l'ancien chemin de Caseneuve à Rustrel. Une éclair. uvre des points de vue sur les pentes ravinées de Couvin , sur la chapelle de Notre-Dame-des-Anges et sur Saint- aturnin-lès-Apt. Au fur et à mesure de la descente, la végéta ion change de physionomie pour laisser place à des espèces qui affectionnent les terrains sableux. Franchir la Doa et emonter la route jusqu'à Istrane.

❽ Au croisemen , prendre à droite l'ancien chemin de la poste. Passer à pr ximité d'une ancienne usine de conditionnement de l'ocre, uis à côté de Bouvène. Avant de regagner le point de départ on peut remarquer le site des Cheminées de Fées (colonnes de sables ocreux protégées par des blocs de grès).

À voir

 En chemin

■ Gisements de sables ocreux
■ Chapelle Notre-Dame-des-Anges

 Dans la région

■ Roussillon : sentier des aiguilles et usine Mathieu, consacrés à l'exploitation de l'ocre.

53

572m
345m
Point le plus haut
Point le plus bas

 Parking

 Balisage des sentiers (voir page 17)

 Attention

 Prévoir des jumelles

 Prévoir une lampe de poche

 Emporter de l'eau

 Sites et curiosités à ne pas manquer en chemin

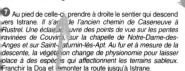 Autres découvertes à faire dans la région

Description précise de la randonnée

15

Des astuces pour une bonne rando

■ Prenez un petit sac pour y mettre la gourde d'eau, le pique-nique et quelques aliments énergétiques pour le goûter.

Le temps peut changer très vite même lors d'une courte randonnée. Un coupe-vent léger ou un vêtement chaud et imperméable sont conseillés suivant les régions.

En été, pensez aux lunettes de soleil, à la crème solaire et au chapeau.

■ La chaussure est l'outil premier du randonneur. Elle doit tenir la cheville. Choisissez-la légère pour les petites randonnées. Si la rando est plus longue, prévoyez de bonnes chaussettes.

■ Une carte d'identité est nécessaire pour les zones frontalières.

■ Mettez dans votre sac à dos l'un de ces petits guides sur la nature qui animent les randonnées. Ils sont légers et peu coûteux. Pour reconnaître facilement les orchidées sauvages ou les différentes fougères. Cela vous évitera de marcher n'importe où et d'écraser des espèces rares ou protégées.

■ Pour garder les souvenirs de votre randonnée, des fleurs et des papillons, rien de tel qu'un appareil photo.

■ Les barrières et les clôtures servent à protéger les troupeaux ou les cultures. Si vous avez à ouvrir une barrière, refermez-la derrière vous.

■ Les chiens doivent être tenus en laisse. Ils sont interdits dans les parcs nationaux et certaines zones protégées.

SUIVEZ LE BALISAGE POUR RESTER SUR LE BON CHEMIN.

LE BALISAGE DES SENTIERS	PR®	GR®	GRP®
Bonne direction			
Tourner à gauche			
Tourner à droite			
Mauvaise direction			

© FFRP - Reproduction interdite

Vous pourrez rencontrer d'autres couleurs de balisage sur le terrain.
Elles sont indiquées dans la fiche pratique de chaque circuit.

PR LE CHATEAU 2h

Topo-guide des sentiers de Grande randonnée, sentiers de Grande randonnée, GR, GR Pays, PR, « ... à pied», « les environs de .... à pied » sont des marques déposées ainsi que les marques de couleur blanc/rouge et jaune/rouge. Nul ne peut les utiliser sans autorisation de la FFRP.

La randonnée : une passion FFRP !

Des sorties-randos accompagnées, pour tous les niveaux, sur une journée ou un week-end : plus de 2000 associations sont ouvertes à tous, dans toute la France.

Un grand mouvement pour promouvoir et entretenir les 180 000 km de sentiers balisés. Vous pouvez vous aussi vous impliquer dans votre département.

FFRP

Des stages de formations d'animateurs de randonnées, de responsables d'association ou encore de baliseurs, organisés toute l'année.

Une garantie de sécurité pour randonner bien assuré, en toute sérénité, individuellement ou en groupe, grâce à la licence FFRP ou à la RandoCarte.

Pour connaître l'adresse du Comité de votre département, pour tout savoir sur l'actualité de la randonnée et découvrir la collection des topo-guides :

www.ffrp.asso.fr

Centre d'Information de la FFRP
14, rue Riquet 75019 Paris - Tél : 01 44 89 93 93
Ouvert du lundi au samedi de 10h à 18h.

Où s'adresser ?

■ Comité régional de tourisme (CRT)

Le Comité régional de tourisme publie des brochures d'informations touristiques (gratuites) sur la région administrative :
• CRT de Bretagne, tél. 02 99 36 15 15. E-mail : tourism@region-bretagne.fr ,
Internet : http://www.tourismebretagne.com, http://www.region-bretagne.fr

■ Comités départementaux du Tourisme (CDT)

Les CDT mettent à disposition toute information relative aux lieux de visite, loisirs, séjours, hébergements dans les départements concernés :
• CDT des Côtes-d'Armor, tél. 02 96 62 72 00. E-mail : armor@cotesdarmor.com,
Internet : http://www.cotesdarmor.com
• CDT d'Ille-et-Vilaine, tél. 02 99 78 47 47. E-mail : tourisme35.cdt@wanadoo.fr,
Internet : http://www.bretagne35.com

■ Pays d'accueil

• Groupement d'intérêt de la baie du Mont-Saint-Michel Bretagne romantique,
tél. 02 99 48 34 53. E-mail : GIT.Pays.de.la.Baie@wanadoo.fr
• Pays de Dinan, tél. 02 96 39 62 64.

■ Offices de tourisme et Syndicats d'initiative

• Bazouges-la-Pérouse, tél. 02 99 97 40 94
• Cancale, tél. 02 99 89 63 72
• Dinan, tél. 02 96 39 75 40
• Dinard, tél. 02 99 46 94 12
• Dol-de-Bretagne, tél. 02 99 48 15 37. Internet : http://www.pays-de-dol.com
• Saint-Briac, tél. 02 99 88 32 47
• Saint-Lunaire, tél. 02 99 46 31 09
• Saint-Malo, tél. 02 99 56 64 48

■ Divers

• Point 35, tél. 02 99 79 35 35
• Relais départemental des Gîtes de France en Côtes-d'Armor (réservations),
tél. 02 96 62 21 73
• Relais départemental des Gîtes de France en Ille-et-Vilaine (réservations),
tél. 02 99 78 47 57

■ La Fédération Française de la Randonnée Pédestre (FFRP)

• Le Centre d'Information *Sentiers et Randonnée*
Pour tous renseignements sur la randonnée pédestre en France et sur les activités de la FFRP
14, rue Riquet, 75019 Paris, tél. 01 44 89 93 93. Internet www.ffrp.asso.fr
E mail : info@ffrp.asso.fr

• Le Comité régional de la randonnée pédestre (CRRP)
CRRP de Bretagne, Maison de l'Environnement, Le Lac au Duc, 56800 Ploërmel,
tél. 02 97 73 59 63.
E mail : ffrp.bretagne@wanadoo.fr

Les Comités départementaux de la randonnée pédestre (CDRP)
• CDRP des Côtes d'Armor, 7, rue Saint-Benoît, 22000 Saint-Brieuc, tél. 02 96 62 72 12
• CDRP d'Ille-et-Vilaine, Maison Départementale des Sports, 13 B avenue de Cucillé,
35065 Rennes Cedex, tél. 02 99 54 67 61, E-mail : coderando35@wanadoo.fr

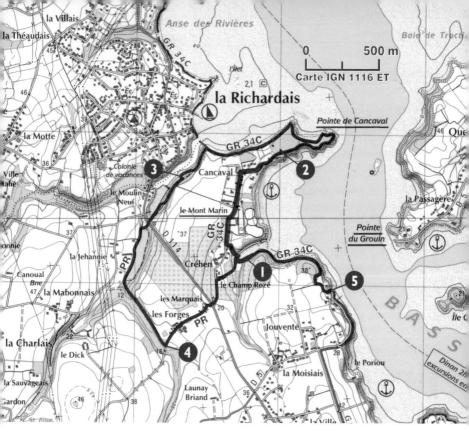

L'anse du Montmarin

L a malouinière du Montmarin fut construite en 1758 pour Aaron Pierre Magon, seigneur du Bosc. En 1782, le domaine fut racheté par l'armateur Benjamin Dubois (qui devait créer la première ligne France - Manhattan). Celui-ci installa dans l'anse un port et un chantier naval avec une cale sèche au fond de la petite ria d'où sortirent près de trois cents navires.

La Révolution puis le blocus eurent raison de l'activité. Le fils de Benjamin Dubois fit construire en 1811 à l'entrée du port un moulin à marée qui fonctionna jusqu'à 1917. Il en subsiste des soubassements et la maison du meunier. En arrière des restes de la digue, la cale sèche est devenue un étang et le port est envasé. Et pourtant 1200 personnes travaillèrent en ce lieu aujourd'hui si reposant !

Anse du Montmarin. *Photo C.B.*

La pointe de Cancaval

Fiche pratique 1

2h10
6,5 Km

Au départ d'une anse paisible, après une belle malouinière, la balade explore un belvédère remarquable sur l'estuaire de la Rance.

Situation Le Montmarin-en-Pleurtuit, à 5 km au Sud-Est de Dinard par la D 114

 Parking port du Montmarin, à droite de la route de Cancaval

① Traverser le fond de l'estuaire et gravir près du lavoir un chemin vers Crehen. Se diriger vers la malouinière de Montmarin puis Cancaval. Dans le village, prendre la route à droite puis un chemin serpentant entre les propriétés. Pénétrer dans le domaine naturel départemental de la pointe de Cancaval *(avancée rocheuse en milieu de Rance, boisée de feuillus et de résineux, point d'observation des nombreux oiseaux de l'estuaire, dont le pingouin torda).*

 Balisage

① à ③ blanc-rouge
③ à ① jaune
① à ⑤ blanc-rouge
⑤ à ① blanc-rouge

② Descendre à droite en bord de falaise au-dessus de la Rance. Au niveau du fossé de l'éperon barré, faire le tour de l'extrémité de la pointe par le Sud *(vues, au Sud, sur l'estuaire de la Rance, au Nord, sur l'usine marémotrice, Saint-Servan avec la tour Solidor).* Au sortir de la zone boisée, demeurer en haut de Rance *(vue sur le bourg de La Richardais).*

Ne pas oublier

③ Contourner à gauche, par l'allée des Camélias, un ancien moulin à marée restauré. Poursuivre sur sa route d'accès jusqu'à la D 114. Se diriger en face vers l'étang et en suivre la rive par la droite. Juste après son extrémité, traverser à gauche un ruisseau par un étroit sentier et en longer le fil jusqu'à la route.

 À voir

En chemin

■ malouinière de Montmarin 18e : cour d'honneur, jardin botanique (collection d'agapanthes), parc à la française aux terrasses descendant vers la Rance (ouvert au public en saison avec journées botaniques) ■ pointe de Cancaval ■ anse du Montmarin ■ cale de Jouvente

④ Traverser à gauche Les Forges puis la D 114 aux Marquais. Prendre en face la route de Cancaval puis à droite la route du port et retrouver le parking.

① Poursuivre sur le GR® vers l'aire de pique-nique de l'espace départemental *(ombragée de grands hêtres où se trouvait l'ancien chantier naval ; vue sur les restes du moulin à marée du Montmarin et de sa digue et sur l'ancienne maison du meunier).* Continuer en balcon, descendre sur la cale de Jouvente *(en face, cale de La Passagère à Quelmer ; La Passagère était le nom d'un bac reliant autrefois les deux cales, où passait à gué la voie romaine Corseul - Alet).*

⑤ Revenir au parking.

Dans la région

■ usine marémotrice de la Rance ■ Saint-Servan : presqu'île d'Alet, tour Solidor 14e, parc des Corbières ■ Dinard : promenade du Clair-de-Lune, villa Eugénie (musée du Site balnéaire) ■ Saint-Malo : ville close

Balcons et vallons du Minihic

Face à Saint-Suliac et au mont Gareau, Le Minihic abrite ses petits chantiers navals. Au creux du paisible vallon ombragé de Saint-Buc, se niche la chapelle Sainte-Anne.

Petite-mauve *Dessin N.L.*

Situation Le Minihic-sur-Rance, à 8 km au Sud de Dinard par la D 114

Parking place de l'Eglise

❶ Descendre par la rue du Bon-Secours entre l'église et la mairie. Prendre à droite un chemin vers le rivage *(face à Saint-Suliac).*

❷ Suivre à droite le GR®. Descendre au moulin à marée en ruine de Fosse-Morte et passer au chantier naval du Grand-Val.

❸ Emprunter vers le Sud la D 114, puis à gauche un sentier le long du ruisseau. Après le chantier naval de Tanet, couper deux routes, poursuivre le long du champ et franchir une passerelle au fond d'une anse.

❹ Abandonner le GR® pour sa variante. S'élever de quelques mètres et emprunter à droite le chemin menant à la D 114.

❺ A la chapelle de Saint-Buc, traverser le carrefour, suivre la rue de la Rabinais sur 400 m puis à gauche la rue de la Haute-Rabinais et à droite la rue des Vallées. Après les champs, descendre franchir le ruisseau et le suivre vers l'aval. A gauche, par une passerelle et une prairie, gagner une petite route puis la D 114.

❸ Emprunter à gauche la promenade de La Gautier. Après une rue, poursuivre sur 500 m en négligeant les chemins sur la droite. Au carrefour *(ancien moulin)*, prendre en face la rue de Port-Hue jusqu'au GR®.

❻ Demeurer 100 m sur la route, descendre à gauche une étroite sente vers la grève de La Gautier puis gravir la falaise par la promenade des Hures *(vue sur le barrage de la Rance, Saint-Servan, le château du Bosq 18e, la cale de La Passagère et l'île Chevret).* A La Landriais, descendre à un oratoire et au port par des escaliers.

❼ Le contourner à marée haute, longer le chantier naval et s'élever vers la pointe du Ton puis la pointe de Garel *(vue sur Saint-Jouan, l'île Notre-Dame et la presqu'île de Saint-Suliac).* Descendre longer la grève du Marais puis suivre le sentier le long des prairies.

❷ Utiliser à droite le parcours emprunté à l'aller pour retrouver le point de départ.

Balisage

❶ à ❷ non balisé
❷ à ❺ blanc-rouge
❺ à ❻ jaune
❻ à ❷ blanc-rouge
❷ à ❶ non balisé

Difficulté particulière

■ sentier boueux entre ❸ et ❻
■ passage submersible au chantier naval de La Landriais

Ne pas oublier

À voir

En chemin

■ Saint-Buc : chapelle Sainte-Anne (1660) restaurée, château ■ nombreux panoramas ■ La Landriais : ancienne cale sèche en cours de restauration

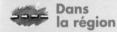

Dans la région

■ Pleslin : le Champ des Roches (alignement mégalithique de menhirs)

La Rance

Les paysages de la Rance émurent les écrivains, de Chateaubriand à Roger Vercel, et inspirèrent les peintres. Née dans les landes du Méné, elle devient canalisée, d'Evran, où elle reçoit les eaux du Linon, à Lyvet (écluse dite du Châtelier).

Son estuaire est une ria : après la dernière période glaciaire du quaternaire, la planète entame une nouvelle période de réchauffement à l'holocène, il y a 10 000 ans. Avec la fonte de la calotte de glace recouvrant l'Europe septentrionale, les terres alors émergées sont recouvertes par l'océan (transgression flandrienne). Le lit de la rivière, creusé par l'érosion, est peu à peu envahi par la mer. Les voies romaines pouvaient traverser la rivière à gué et Taden était le port d'échouage des navires mais, au Moyen Age, la marée remonte jusqu'au niveau de Dinan qui devient le port de fond d'estuaire.

Dans la ria, espace de transition entre les milieux marin et continental, se mêlent les eaux marines salées et les eaux douces fluviales mais, en amont de l'usine marémotrice, les marées sont désormais artificielles. La Rance estuairienne, aux eaux saumâtres, en amont du pont Saint-Hubert, est de salinité variable selon le débit d'eau douce de la Rance fluviale. Elle commence à l'écluse du Châtelier, limite actuelle de la Rance fluviale.

De Dinan à la mer, se succèdent larges bassins ou " plaines " comme celles de Taden et Pleudihen (Mordreuc en Pleudihen signifierait "traversée de la mer") et resserrements à travers les roches dures, où se trouvaient les gués des voies romaines puis les passages par barques. Celles-ci furent souvent conduites au début par des moines (Hospitaliers de Jérusalem entre Port-Saint-Jean et Port-Saint-Hubert, moines de Léhon entre Plouër et Mordreuc). Bateaux et bacs prirent ensuite la relève jusqu'à la construction des ponts.

De Mordreuc au Châtelier, les méandres du fleuve se fraient un passage entre falaises escarpées. C'est sur un promontoire semblable, entre deux vallons, que fut édifiée la place forte de Dinan. Elle domine le port de 65 m !

La Landriais. *Photo C.B.*

Les chantiers navals

Ils se trouvaient, sur la rive gauche, du Minihic à La Richardais, sur la rive droite, dans les anses de Saint-Hélier et de Troctin à Quelmer et au port Solidor. Le nom du village de La Goëletrie rappelle ces temps.

On y construisait les trois-mâts pour Terre-Neuve et leurs embarcations (chaloupes puis doris), les bateaux pour la pêche dans l'estuaire (à carrelet, chippe de Saint-Suliac pour le lançon) ou la navigation sur la Rance (gabares) et le canal (chalands malouins), les bisquines. De Port-Solidor et de La Goëletrie, sortirent des frégates.

Afin qu'il perde sa sève et durcisse, le bois des arbres était immergé plusieurs années en eau de mer dans des parcs à bois, concessions sur le domaine maritime, comme dans l'anse de Troctin, puis il était mis à sécher.

Avec l'abandon de la voile et le déclin du transport fluvial, seule la réparation des terre-neuvas existants se poursuivit jusqu'à la seconde guerre mondiale. Les chantiers actuels sont consacrés à la navigation de plaisance.

La cale sèche de La Landriais

François Lemarchand, capitaine au long cours, qui a repris l'affaire de construction navale de son beau-père et l'a modernisée, décide de créer un chantier de réparation des terre-neuviers car Saint-Malo n'en possédait pas.

L'ampleur des marées dans la baie permet d'accueillir un bateau de 4 m de tirant d'eau. Il fait construire une

cale sèche qui sera unique en son genre sur nos côtes. Cette cale de 45 m de long, 10 m de large et 5 m de haut, sera mise en service en 1910 et fonctionnera pendant environ trente ans.

Elle était fermée par deux portes analogues à celles d'une écluse. A marée haute, on faisait entrer le bateau dans la cale. Avec le jusant (reflux), il venait reposer sur une pile de tins (pièces de bois) et il était arrimé aux parois de la cale. A marée basse, les portes étaient refermées. Le travail de réparation pouvait commencer.

Cette pièce remarquable du patrimoine maritime est en cours de restauration grâce à la volonté de l'association des Amis de la Baie de La Landriais.

La cale sèche. *Photo G.M.*

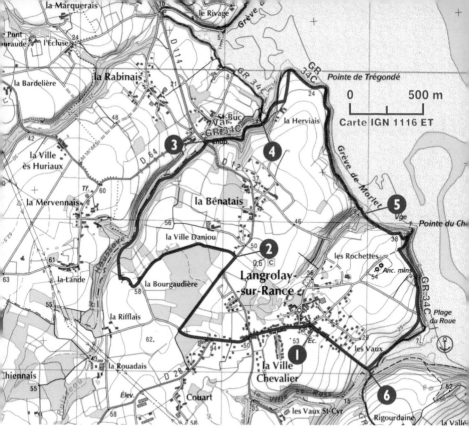

Les oiseaux de la Rance

D'immenses vasières s'étendent du Minihic vers le mont Gareau et l'anse de Vigneux ou dans l'anse du ruisseau de la Goutte. A marée basse, elles sont sillonnées par des nuées de limicoles : courlis cendré, chevalier gambette, pluvier argenté, bécasseau variable, grand gravelot, tourne-pierre, huîtrier-pie. S'y joignent de nombreux goélands, mouettes et cormorans. A marée haute, se rassemblent oies, canards et grèbes. Quelques couples de vanneaux huppés nichent dans les prairies en bordure des prés salés. Le héron et l'aigrette guettent le poisson depuis les berges. L'anse des Bas Champs et de Saint-Magloire-en-Pleudihen, vaste marais maritime avec un herbu très étendu, accueille aussi de nombreux oiseaux ; la plaine de Taden est le refuge hivernal des canards.

Grèbe huppé. *Photo P.C./SEPNB*

Les grèves de Langrolay

Une balade dans un beau vallon boisé puis au-dessus d'une grève immense.

Courlis cendré *Dessin P.R.*

❶ Emprunter la rue de la Croix-Boissière en direction du carrefour des D 12 et D 28. Poursuivre sur la route de Pleslin puis celle de La Rifflais sur 150 m. Prendre à droite le chemin ombragé puis tout droit la D 12 sur 100 m.

❷ S'engager à gauche dans le chemin avant la maison. Traverser à droite La Bourgaudière. Descendre, à droite du champ, vers le vallon du ruisseau de la Houssaye *(ce ruisseau marque la limite des Côtes-d'Armor et de l'Ille-et-Vilaine)*. Longer ce profond vallon boisé jusqu'à la D 12. La suivre à gauche sur 10 m et la traverser *(à gauche, chapelle Sainte-Anne dans un espace naturel aménagé par le département d'Ille-et-Vilaine, château de Saint-Buc)*.

❸ Se diriger vers la Rance par le chemin empierré emprunté par la variante du GR®.

❹ Au niveau d'une passerelle, suivre le GR® dans la sente sur la même rive du ruisseau. S'élever jusqu'à la route et la suivre à gauche. Avant sa descente vers la grève *(panorama sur Le Minihic et Saint-Suliac, baignade autorisée)*, prendre à droite en bordure de champ. Surplomber la grève de Morlet, de la pointe de Trégondé jusqu'à la base de la pointe du Châtelet *(plus loin sur la grève, petit oratoire Notre-Dame-du-Châtelet ; un bateau de pêche du même nom fut coulé par un sous-marin italien en 1941)*.

❺ Par le bois Morlet, s'élever au sommet de la pointe *(à proximité, deux anciens moulins à vent, dont l'un fonctionnait encore à la fin du 19e siècle)*. Continuer en haut de la falaise jusqu'à la plage du Roué. Poursuivre à droite vers le fond de l'estuaire.

❻ A l'entrée d'un bois, près d'une passerelle, quitter le GR® et s'élever à droite par un chemin puis une rue pour retrouver le centre du bourg.

---

2 h 30 • 7,5 Km

Situation Langrolay-sur-Rance, à 12 km au Nord de Dinan par la D 12

 Parking mairie

 Balisage

❶ à ❸ non balisé
❸ à ❻ blanc-rouge
❻ à ❶ non balisé

Ne pas oublier

 **À voir**

En chemin

■ Langrolay : église Saint-Laurent (1706), maisons remarquables ■ Saint-Buc : chapelle Sainte-Anne (1660) restaurée et château ■ grève de Morlet ■

Dans la région

■ Pleslin : le Champ des Roches (alignement mégalithique de menhirs)

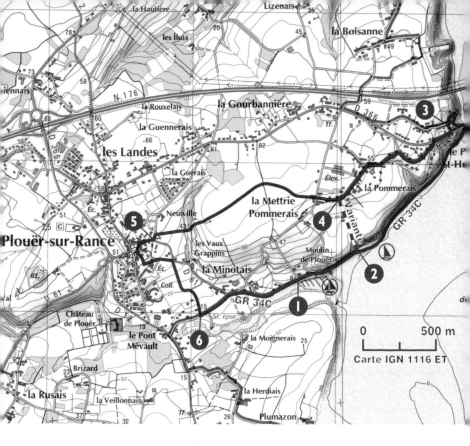

Le franchissement de la Rance

En 1852, le viaduc de Dinan, aux dix arches de 16 m de long, permet enfin d'éviter les vieux ponts de Dinan (construit au 10e siècle) et de Léhon (remplaçant au 17e siècle un pont de bois).

Pont Saint-Hubert. *Photo C.B.*

Un nouveau pont sera édifié en 1892 à côté de l'écluse de Lyvet. Il faudra attendre 1928 pour que le pont Saint-Hubert reliant les départements d'Ille-et-Vilaine et des Côtes-du-Nord soit jeté sur la Rance après trente ans d'études et de tergiversations !

Tous ces ouvrages seront détruits en 1944. En 1967, la traversée se fera entre Saint-Servan et La Richardais au-dessus de l'usine marémotrice.

Enfin, en 1991, la voie express Dol - Dinan emprunte le spectaculaire pont Chateaubriand de 424 m de long. Sa voûte très courbée de 265 m, surplombe la Rance de 30 m.

La cale de Plouër-sur-Rance  4

2 h
6 Km

Cette promenade offre un panorama sur la plaine de la Rance entre Plouër et Pleudihen, puis de belles vues sur le bourg de Plouër.

➊ Se diriger vers l'entrée du port, passer devant l'ancien moulin et parvenir à la cale.

▶ Variante obligatoire à marée haute et permettant d'éviter les rochers glissants de la suite du parcours : prendre à gauche le sentier du Chemin de Ronde vers Le Rocheret et atteindre le repère 4.

➋ Longer le haut de grève *(parfois glissant sur les rochers)*. S'élever par un chemin herbeux *(lavoir)* pour atteindre une route sous le pont Saint-Hubert *(vue sur Le Port-Saint-Jean et le pont Chateaubriand)*. Gravir la route jusqu'à la rue du Passeur.

➌ Quitter le GR® et prendre à gauche la rue du Petit-Clos vers la D 366.

▶ Accès au point de vue : se rendre jusqu'au milieu du pont Saint-Hubert *(vue sur la Rance en amont jusqu'au resserrement entre Mordreuc et Le Chêne-Vert)*.

S'élever à droite sur la route puis à gauche par la rue du Petit-Doué. Prendre à gauche la route de La Pommerais et traverser à gauche Le Rocheret.

➍ Gagner La Mettrie-Pommerais et poursuivre en face par un chemin de crête *(vaste panorama)*. Après une croisée de chemins, poursuivre vers le calvaire *(au niveau de ce dernier, vue remarquable sur Plouër)*. Gravir la rue vers l'église *(dans le virage, croix pattée)*.

➎ Longer à gauche la place Michel-Rouvrais, emprunter à gauche la première rue *(barrée plus bas)*. Tourner à gauche devant l'école et atteindre la route. Descendre aussitôt à droite un chemin entre les champs jusqu'à la route.

➏ La suivre à gauche vers le port.

Bouillon-blanc *Dessin N.L.*

Situation Plouër-sur-Rance, à 11 km au Nord de Dinan par la N 176

 Parking port de plaisance

 Balisage
➊ à ➌ blanc-rouge
➌ à ➏ non balisé
➏ à ➊ blanc-rouge

 Difficulté particulière

■ rochers glissants (chaussures antidérapantes indispensables) et passage submersible entre ➋ et ➌

 Ne pas oublier

À voir

 **En chemin**

■ ancien moulin à marée de Plouër ■ pont Saint-Hubert : point de vue ■ maisons de villages remarquables ■ église de Plouër : gisants 15e-16e, retable 18e

Dans la région

■ Pleslin : le Champ des Roches (alignement mégalithique de menhirs)

Autour de Taden

Fiche pratique 5

2 h 45 • 11 Km

Découvrez un pays empreint du souvenir des Coriosolites, un vieux bourg remarquablement mis en valeur et de profonds vallons boisés.

❶ Se diriger vers le centre du bourg, passer devant le manoir de la Grand'Cour et le portail du Petit Bon Espoir.

❷ Tourner à gauche devant l'église. Après 200 m, prendre à droite le chemin des Lavandières. A la route, continuer à gauche jusqu'aux anciens lavoirs *(construits sur les ruines d'un ancien moulin à eau ; on distingue encore les anciens étangs d'alimentation et la digue sous la D 12)*. Suivre la D 12 sur 500 m.

❸ Emprunter à gauche le chemin gallo-romain, beau chemin creux *(au point le plus élevé, ruines du moulin du Mottay)*. Traverser une route, franchir la voie ferrée et poursuivre à gauche vers La Jossais *(à droite, manoir du Carheil 18e)*. Traverser le village. Avant la ferme, quitter la route par la gauche puis prendre à gauche le chemin de la Haye. Suivre à droite la D 12a sur 300 m puis à gauche, à La Pichonnais, une petite route sur 200 m.

❹ Prendre à gauche, dans le virage, le sentier de Dombriand *(propriété privée)* en sous-bois dans la vallée de l'Argentel. Longer ce ruisseau puis s'élever, par des lacets, sur le coteau boisé, à la hauteur de la voie ferrée. Redescendre franchir le ruisseau. Au débouché de la petite route, tourner à gauche sous le viaduc dans la route de la vallée de la Fontaine-des-Eaux. Passer devant l'ancien moulin de Suzain, franchir l'Argentel et prendre à droite un sentier *(nombreuses espèces de saules)*. Suivre à nouveau la route sur 150 m *(à droite, ancien moulin du Méen, actuellement auberge de jeunesse)*. Gravir dans le bois le sentier de Saint-Valay, redescendre à la route et rejoindre la Rance.

❺ Emprunter à gauche le chemin de halage jusqu'à L'Asile-des-Pêcheurs.

▶ Par la route, à 100 m, fontaine Guillaume gallo-romaine.

❻ Continuer vers la cale de Taden et une peupleraie *(aire de pique-nique)*.

❼ S'engager à gauche par le sentier des Vaux dans un vallon boisé jusqu'à une croix près de la route. Regagner l'église à gauche.

❷ Poursuivre en face pour retrouver la mairie.

Situation Taden, à 3 km au Nord de Dinan par la D 12

 Parking mairie

Balisage
- ❶ à ❷ non balisé
- ❷ à ❺ bleu
- ❺ à ❼ blanc-rouge
- ❼ à ❷ bleu
- ❷ à ❶ non balisé

 Difficulté particulière

■ quelques passages sur routes très fréquentées

À voir

En chemin

■ Taden : maisons anciennes, église 14e, manoir de la Grand'Cour fin 14e, portail du Petit Bon Espoir qui marquait l'entrée du domaine agricole de ce manoir ■ anciens lavoirs ■ viaduc ferroviaire de la Fontaine-des-Eaux : 164 m de long (construit en 1879) ■ fontaine Guillaume

Dans la région

■ Dinan : cité médiévale
■ Saint-Samson-sur-Rance : menhir de La Tiemblaye
■ Quévert : le Courtil des Senteurs (collection de plantes parfumées)

La Rance gallo-romaine

A l'époque romaine, la Rance est navigable jusqu'à Taden. L'administration romaine installe le chef-lieu de la cité Coriosolite à Fanum Martis (Corseul). Le vicus de Taden en est le port.

La marée remonte dans le vallon qui constitue un port d'échouage des navires. On y débarque les marchandises à acheminer vers Corseul ou l'on y embarque celles de l'arrière-pays. Des photos aériennes du secteur ont révélé l'existence de nombreuses constructions qui témoignent de l'activité intense de ce vicus.

La voie romaine Corseul - Avranches traversait la Rance à gué à l'Asile des Pêcheurs. A proximité, se trouvent la fontaine Guillaume et les vestiges enfouis d'un temple. La Rance était franchie à gué par deux autres voies romaines : la voie Corseul - Alet de Jouvente à La Passagère et la voie Corseul - Rennes à Léhon.

Au Bas-Empire, la capitale sera transférée à Alet qui sera fortifiée au 4e siècle contre les Barbares avec un castellum sur le rocher Solidor et sera le siège d'un évêché.

La Fontaine-des-Eaux

Dans le vallon de l'Argentel, une fontaine attirait les Dinannais depuis le 17e siècle. En 1770, le site fut aménagé avec l'aide des Etats de Bretagne. Selon une étude, cette eau minérale favorisait l'accélération de la circulation et la stimulation des tissus membraneux. Elle avait même la réputation de redonner la faculté virile... Les curistes y venaient nombreux, surtout avec l'arrivée du che-min de fer. La source disparut en 1929 après un violent orage.

Le viaduc sur le vallon, témoignage de l'architecture ferroviaire du 19e siècle, faisait partie de la liaison Lison - Lamballe sur l'axe stratégique Cherbourg - Brest. La voie ferrée fut inaugurée en 1879 juste après son achèvement. Il resta intact en 1944 contrairement à celui de Lessart qui dominait la Rance de 32 m.

A l'embouchure du vallon, la maison d'artiste de la Grande-Vigne a été léguée à la ville de Dinan avec un fond d'atelier par Yvonne-Jean-Haffen, élève et disciple de Mathurin-Méheut. Des artistes peintres peuvent y loger dans une dépendance contre, pour tout loyer, remise d'une œuvre au musée.

La Grande-Vigne au printemps, d'Yvonne Jean-Haffen. Coll Maison d'artiste de la Grande-Vigne. Ville de Dinan. *Photo M.C.*

Port de Dinan. *Photo C.B.*

Les longs de Rance

Vous flânerez au fil de la rivière près de souvenir historiques puis contemplerez d'un sentier en balcon la cité fortifiée de Dinan.

① Passer sous la porte de Saint-Malo *(13e-15e)*, emprunter à gauche le chemin de ronde.

② Passer sur la tour-porte du Jerzual *(14e)*. Prendre à droite la rue Saint-Michel et à gauche la rue du Rempart. Du jardin Anglais *(tour Sainte-Catherine 14e, panorama sur le port, le viaduc et le vieux pont),* descendre l'escalier puis le sentier en lacets. A gauche du viaduc, dévaler l'escalier et le chemin vers le port.

③ Franchir la Rance sur le vieux pont et la longer vers la droite jusqu'à d'anciens fours à chaux *(dans une propriété).* Poursuivre par le chemin de halage jusqu'à l'écluse de Léhon (1830).

④ Continuer vers le pont aux Anes de Léhon *(face à l'ancienne abbaye).*

⑤ Prendre tout droit la rue Anne puis à droite vers Le Pavillon *(construction de 1610 avec cheminées sculptées ; sur l'autre rive, ruines du château féodal de Léhon 13e).* Emprunter le chemin ombragé entre les prés puis longer la Rance jusqu'à une prairie clôturée privée *(vue sur le château du Chesne-Ferron 15e-17e surplombant la rive gauche).*

⑥ Retourner sur ses pas vers le pont puis l'écluse de Léhon.

④ Gravir le chemin à droite de la maison de l'éclusier. Contourner sur la gauche le cimetière de Lanvallay par la route. Au second cimetière, poursuivre vers la gauche.

⑦ Obliquer à gauche dans le chemin de Mont-en-Va. Continuer dans le sentier à droite *(vue panoramique sur les remparts, la tour de l'Horloge et les clochers de Dinan).* Par la rue de l'Abbaye, descendre à gauche le long du viaduc, passer dessous et rejoindre le port. Franchir la Rance.

③ S'élever en face par la rue du Petit-Fort.

② Passer sous la porte du Jerzual. Poursuivre par la rue du même nom *(maisons anciennes 15e-16e, artisanat).* Tourner à droite rue de l'Ecole pour retrouver la porte de Saint-Malo.

3 h
9 Km

Situation Dinan, à 36 km au Sud de Saint-Malo par les N 137 et N 176

P **Parking** près de la porte de Saint-Malo

Balisage

① à ③ non balisé
③ à ⑤ blanc-rouge
⑤ à ⑥ non balisé
⑥ à ⑤ non balisé
⑤ à ④ blanc-rouge
④ à ① non balisé

À voir

En chemin

■ Dinan : portes, remparts, jardin Anglais, vieux pont
■ Léhon : pont 17e, maisons anciennes, abbaye (abbatiale 13e, réfectoire 13e avec vitraux contemporains, cloître 17e), mairie (bâtiment où se trouvaient les anciens pressoirs de l'abbaye)

■ Lanvallay : panorama sur Dinan

Dans la région

■ Tressaint : chapelle 12e et croix celtique 15e dans le cimetière, parcours sportif dans le bois avec panorama sur la Rance

L'abbaye de Léhon

A u 9e siècle, des moines s'établissent au bord du fleuve. Il leur faut des reliques d'un saint breton pour obtenir la protection du souverain Nominoë. Qu'à cela ne tienne ! Ils iront dérober sur l'île de Serk les ossements de Saint-Magloire, évêque de Dol ! Le monastère prospère mais il est détruit par les Normands. Les moines fuient, emportant les pré-cieuses reliques, et fondent une abbaye à Paris.

Au 12e, les moines de Paris reconstruisent sur les lieux un prieuré qui deviendra une abbaye bénédictine et connaîtra à nouveau la prospérité. Lorsque le château féodal de Pierre Mauclerc, en fort mauvais état, sera démantelé sur ordre de Richelieu, les moines bénédictins utiliseront les pierres pour reconstruire le cloître et agrandir l'abbaye. Ensuite en déclin, elle fermera en 1767.

Quant au château féodal, dont ne subsistent que les vestiges des tours, il servira encore à l'empierrement du chemin de halage du canal.

L'abbaye de Léon. *Photo C.B.*

Le canal d'Ille-et-Rance

S ous l'Ancien Régime, les blocus imposés par l'Angleterre avaient donné l'idée d'atteindre par voie fluviale les ports de Brest, Nantes, Lorient et Saint-Malo. Le projet de relier la Vilaine et la Rance en utilisant les vallées de l'Ille et du Linon sera repris par Napoléon Bonaparte pour les mêmes raisons.

Le chantier du canal d'Ille-et-Rance démarre en 1804. Il nécessitera une importante main-d'œuvre. Sous l'Empire, seront enrôlés des prisonniers de guerre espagnols, des insoumis, des déserteurs. Les travaux se poursuivront sous la Restauration bien que le canal ait alors perdu tout intérêt stratégique.

Six écluses sont construites sur la Rance. Sur le bief du Châtelier, le plus long entre deux écluses (8 km), la boucle très serrée de la Rance sous le château de Grillemont a été supprimée (c'est la Vieille Rivière).

Le 31 décembre 1830, un premier bateau, chargé de pierres, remonte la Rance, du Châtelier à Evran. Le canal terminé sera inauguré les 6 et 7 mai 1832.

La cité médiévale de Dinan

En 1040, les seigneurs de Dinan érigent une forteresse sur l'éperon et fondent vers 1070 le prieuré de la Madeleine-du-Pont en chargeant les moines de construire un bourg pour contrôler le trafic terrestre et fluvial. C'est toutefois le bourg castral de Dinan qui se développera sur le plateau. Au 12e siècle, un seigneur de Dinan, de retour des Croisades, édifie la basilique Saint-Sauveur dont le beau portail roman témoigne d'une influence byzantine.

Dinan tombe en 1265 dans le domaine ducal de Jean 1er. La partie ancienne des remparts actuels date de cette époque. La construction se poursuit au 14e. Jean IV édifie le donjon (1384). Les remparts seront modernisés et renforcés sous François II au 15e siècle. L'agrandissement de Saint-Sauveur et la construction de la nouvelle église de Saint-Malo débuteront sous le règne de la duchesse Anne.

Au 13e siècle, Dinan est une ville commerçante avec foires et marchés. Sous la dynastie des Montfort, l'artisanat (tissage, cuir) et le commerce se développent, faisant naître une riche bourgeoisie. Dinan comptera 5000 habitants au 15e siècle. Témoignent de cette prospérité, les maisons à pan de bois du quartier de l'Apport (rues de l'Horloge, de l'Apport, place des Merciers), des rues du Jerzual et du Petit-Fort, par où étaient acheminées les marchandises, la Tour de l'Horloge où se tenait le conseil des bourgeois.

Pour effectuer le tour des remparts, de la porte de Saint-Malo, emprunter la promenade des Grands-Fossés puis longer les fossés. Rejoindre la rue Thiers puis la place Duclos-Pinot où se trouvait la porte de

Le donjon de Dinan. *Photo C.B.*

Brest. A droite de l'hôtel de ville, la promenade des Petits-Fossés (ancienne contrescarpe) mène au château formé par le donjon, la tour de Coëtquen et la porte du Guichet. Par cette dernière, gagner la rue du Château puis la rue du Général-de-Gaulle. A gauche, la promenade de la Duchesse-Anne, au-dessus des remparts, parvient au Jardin Anglais, ancien cimetière paroissial. La rue du Rempart puis, à droite, la rue Michel font accéder au chemin de ronde passant sur la tour-porte du Jerzual.

Rance romaine et médiévale  **7**

Une balade sportive, du port médiéval de Dinan, éclairé par le soleil matinal, aux méandres de la Rance estuairienne à contempler du pont de Lyvet.

3h30
14 Km

❶ Franchir la Rance, emprunter à gauche la rue du Quai-Talard et suivre la route. Continuer le long de la Rance après la station d'épuration puis s'enfoncer à droite dans la zone marécageuse de la Vieille Rivière. Après la passerelle, gravir l'emmarchement raide sous le château de Grillemont. Prendre la route à gauche *(à droite, entrée du château),* traverser Landeboulou et emprunter à gauche la route en impasse.

❷ Dans le virage, descendre un chemin vers la Rance et en suivre le cours. Face au port de L'Asile-des-Pêcheurs, franchir un ruisseau, tourner à droite dans l'espace végétal humide et grimper à gauche la colline boisée *(marches).* Poursuivre en balcon, en contrebas d'un champ, jusqu'au Saut de la Puce. Longer le champ puis descendre en sous-bois jusqu'à la route. Passer le pont, tourner à gauche après l'unique maison et parvenir en bord de Rance. Grimper aussitôt à droite un rocher, gravir le raidillon, tourner à gauche et poursuivre en balcon. Descendre franchir un ruisseau et s'élever en face par le sentier. Atteindre un large chemin parallèle au fossé d'un éperon barré.

▶ Les randonneurs peu sportifs emprunteront ce chemin direct vers Le Châtelier.

❸ Prendre à gauche une sente étroite vers le fossé, descendre longer la Rance, gagner la cale et atteindre le centre du Châtelier par un crochet à gauche sous les maisons. Descendre à gauche une rue puis à droite un chemin dallé. Après un ruisseau, s'élever jusqu'à une route. La prendre à gauche vers le rocher du Foumoy *(panorama sur Dinan ; plus loin, vue sur le port de Lyvet et, à l'Est, les clochers de Pleudihen, La Vicomté et Saint-Helen).* 50 m avant la D 57, descendre à gauche par un sentier encaissé puis une rue jusqu'au port. Franchir la Rance sur le pont *(en aval, carrelets pour la pêche).*

❹ Suivre le chemin de halage jusqu'au port de Dinan.

Situation Dinan, à 36 km au Sud de Saint-Malo par les N 137 et N 176

 Parking port de Dinan, sur la D 12

 Balisage

❶ à ❹ jaune
❹ à ❶ blanc-rouge

 Difficulté particulière

■ sentier assez sportif, dangereux en période humide en bord de Rance après ❷ et ❸ (bâton recommandé)

Ne pas oublier

À voir

En chemin

■ vieux pont de Dinan ■ Landeboulou : maisons rurales, château et manoir avec pigeonnier ■ éperon barré du Châtelier : fossé de 300 m de long sur 8 m de profondeur ■ L'Asile-des-Pêcheurs : fontaine Guillaume gallo-romaine ■ port de Dinan : maison d'artiste de la Grande Vigne (demeure d'Yvonne Jean-Haffen, élève de Mathurin-Méheut), maisons anciennes

Dans la région

■ La Vicomté-sur-Rance : allée couverte

La navigation sur la Rance

De l'éperon barré du Châtelier, les Coriosolites de l'Age du Fer surveillaient déjà le trafic des navires entre la zone d'échouage en contrebas et Réginca près de la mer. L'estuaire devint une voie commerciale de première importance avec le développement de Dinan et de Saint-Malo. Les produits manufacturés de Dinan (tissages, cuirs) étaient expédiés vers Saint-Malo d'où ils étaient exportés. De Saint-Malo, arrivaient sel, épices, thé, morue....

Les bateaux étaient aussi chargés de produits agricoles (pommes, céréales) et de matières premières (pierres, sable) entre l'arrière-pays et Saint-Malo. Le fleuve servait au transport du bois de chauffage destiné à Saint-Malo et des engrais marins (goémon, maërl).

Le bois de chauffage provenait, entre autres, de la forêt de Coëtquen. Il était transporté depuis le 17e siècle sur les gabares de Pleudihen. De 100 m2 de voilure, lourdes et peu maniables, elles utilisaient le flux et le reflux des marées et étaient échouées dans les souilles, petites vallées envasées où étaient entreposés les fagots. Les gabariers, pour se protéger, portaient au-dessus de leurs vêtements un ensemble en toile de lin écrue dont un pantalon court et flottant. Cet accoutrement étrange faisait dire " qu'ils mettaient leur caleçon par-dessus leurs braies " !

Avec l'ouverture du canal en 1832, le trafic devint intense, sur les chalands dits " malouins ", sortes de péniches à voiles, à la dimension des portes des écluses, entre Rennes, Dinan et Saint-Malo. A la limite de la Rance maritime, à Lyvet, les chalands hissaient la voile. Le port de Lyvet se développa et l'écluse dut même être élargie en 1837 pour les bateaux plus larges remontant à Dinan. Il y eut même un douanier à Lyvet à la fin du 19e siècle ! Des cales furent construites dont celle de Mordreuc.

L'arrivée du chemin de fer en 1879 fera péricliter le transport fluvial. De nos jours, les voiliers et vedettes touristiques sillonnent l'estuaire qui est aussi une étape pour le tourisme fluvial sur la liaison Manche - Océan.

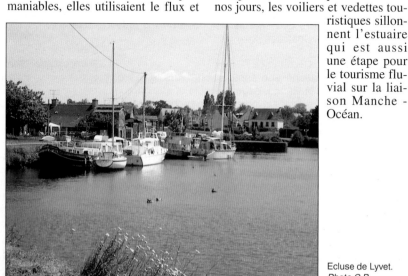

Ecluse de Lyvet.
Photo C.B.

La pêche au carrelet

L a pêche au carrelet se pratique en aval de l'écluse du Châtelier jusqu'au niveau de la souille de Morgrève et du moulin de Rochefort. Le carrelet est un filet carré tendu sur deux demi-cercles qui se croisent, fixés au bout d'une perche. Il est uti-lisé pour les fonds vaseux et les eaux troubles.

La pêche s'effectuait sur des bateaux carrelet, se déplaçant au-dessus des fonds vaseux de cette partie de l'estuaire. Les pêcheurs pouvaient aussi lancer cette poche depuis la rive ou des vasières au bord des chenaux. A la Grande Vigne, des gouaches qu'Yvonne Jean-Haffen a peintes à La Hisse retracent cette activité. Aujourd'hui, elle est encore prati-quée sur des pêcheries fixes, avec cabane et passerelle, la perche étant relevée par un treuil.

La pêche au carrelet à Lyvet. *Photo C.B.*

Les mégalithes

L es populations sédentaires d'agriculteurs éleveurs du Néolithique final (environ 3000 à 2000 ans av. J.C.) nous ont laissé dans le secteur un certain nombre de mégalithes de grande qualité :
- des pierres dressées (menhirs) : la Pierre Longue de La Tiemblaye en Saint-Samson de 8 m, incliné à 45°. Trois faces présentent des gravures (crosses, haches, rectangles, peut-être des bêtes à cornes) visibles sous lumière rasante.
- des alignements (ensemble de menhirs placés en file) : le Champ des Roches en Pleslin-Trigavou, avec une soixantaine de menhirs en quartzite alignés sur cinq rangs dans la direction est-ouest.
- des allées couvertes (à usage funé-raire) : allée couverte du Bois-du-Rocher en La Vicomté, allée couverte de Tressé (dite Maison des Feins) dans la forêt du Mesnil. Dans celle-ci, sur deux dalles de la chambre terminale, sont gravés deux groupes de deux paires de seins, avec un collier sous la paire de droite, évoquant le culte d'une divi-nité féminine.

Allée couverte du Bois-du-Rocher. *Photo C.B.*

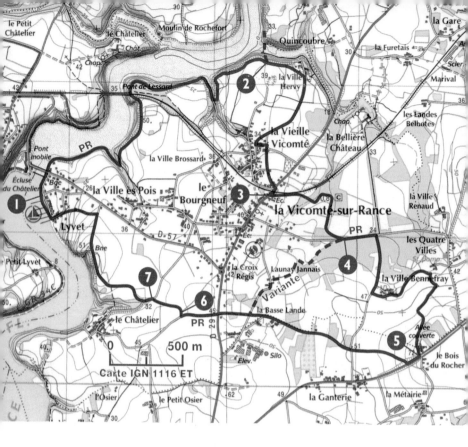

Les vergers à cidre

L es vergers à pommiers commen-
cèrent à remplacer les vignes
des bords de Rance dès le 15e siècle.
Aux 17e et 18e siècles, la paroisse de
Pleudihen (dont La Vicomté ne se
détacha qu'en 1878) était
couverte de pommiers à
cidre. Le cidre était la boisson
populaire bretonne, le vin
étant réservé à l'aristocratie et
à la riche bourgeoisie. Au 19e
siècle, la Bretagne produisait
à elle seule trois fois plus de
cidre que l'ensemble des
autres régions cidricoles.
L'arrière-pays malouin était
exportateur de pommes.
Le cru de la vallée de la
Rance est toujours réputé. A

Pleudihen, se trouvent une cidrerie
industrielle et un musée du cidre à La
Ville-Hervy chez un petit producteur.
La région de Dol produit également
de bons cidres fermiers.

Broyeur à pommes. *Photo C.B.*

Autour de La Vicomté

Après une balade au fil de la Rance, aux méandres encaissés, vous cheminerez parmi les vergers à cidre. A découvrir en mai !

❶ Passer sous le pont et longer la Rance. Après le ruisseau, prendre le sentier de gauche s'élevant sur la falaise. Redescendre passer sous le viaduc de Lessart et poursuivre dans la forêt. Contourner la souille de Morgrève *(en face, moulin de Rochefort)* par le chemin goudronné puis par une sente. Monter puis descendre au moulin du Prat.

▶ Pour accéder au point de vue : franchir la digue et grimper sur la falaise.

❷ S'élever graduellement au-dessus de la route d'accès au moulin jusqu'à La Ville-Hervy. Suivre la route vers la droite. A l'entrée de La Vieille-Vicomté, prendre à gauche une petite route. Dans le virage, longer le mur de la ferme par une sente à droite de la haie et poursuivre tout droit jusqu'à la D 29. Franchir la voie ferrée.

❸ Emprunter à gauche un chemin parallèle à la voie ferrée. Poursuivre en sous-bois puis contourner les cultures. Au bout de la sente, tourner à gauche en lisière de bois. Parvenir à la route.

▶ Variante par Launay-Jannaie qui permet de raccourcir le circuit : traverser la route et suivre le chemin à droite.

❹ La prendre vers la gauche. Se diriger à droite vers La Ville-Bénéfray et y pénétrer. Décrire une boucle par des chemins creux ou en bordure de champ puis s'élever jusqu'à une lisière de bois *(panorama)*. Parvenir au Bois-du-Rocher *(à gauche, allée couverte)*.

❺ Tourner à droite, se diriger à droite vers La Basse-Lande. Laisser ce village sur la gauche, poursuivre dans le chemin. Traverser la D 29, suivre la route du Châtelier sur 300 m et obliquer à droite dans un bosquet.

❻ Poursuivre à gauche dans un chemin creux. Prendre la route à gauche et atteindre une bifurcation.

▶ A gauche, itinéraire vers l'Eperon Barré *(PR 7)*.

❼ Aller à droite. Passer au sommet du rocher du Foumoy *(panorama vers Dinan)*. 50 m avant la D 57, descendre à gauche un sentier encaissé puis une route vers Lyvet.

3 h
10 Km

Situation La Vicomté-sur-Rance, à 8 km au Nord-Est de Dinan par la D 29

 Parking port de Lyvet (D 57)

 Balisage jaune et pancartes

⚠ Difficulté particulière

■ balisage rare entre ❷ et ❻

Ne pas oublier

À voir

En chemin

■ carrelets en bord de Rance
■ souille (petite vallée envasée) de Morgrève
■ moulin du Prat : moulin à marée banal 15e qui dépendait du château de La Bellière, maison et dépendances 19e ■ Le Bois-du-Rocher : allée couverte de la fin du néolithique

 Dans la région

■ éperon barré du Châtelier
■ forêt de Coëtquen

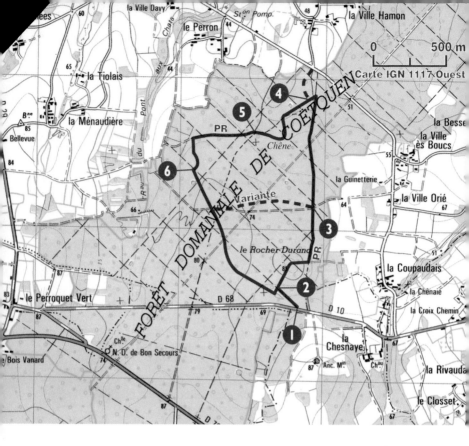

Carte IGN 1117 Ouest

La forêt de Coëtquen

L a forêt doit son nom au village et au château dont les ruines subsistent à sa lisière nord. A l'origine, existait à 600 m à l'Est, sur une motte féodale, un château en bois qui commandait la route de Rennes et qui fut incendié par les Normands.

Le château, bâti au 12e siècle puis fortifié au 15e, appartenait à la famille de Coëtquen qui servit les ducs de Bretagne : le capitaine Raoul de Coëtquen

Forêt de Coëtquen. *Photo C.B.*

modernisa les remparts de Dinan. Après maintes vicissitudes, le château fut démoli en 1955.

Le chêne des Forts, de plus de 400 ans, tiendrait son nom d'une compagnie d'archers. La forêt fournissait du bois de chauffage. Le régime du taillis ou du taillis sous futaie pour la production de ce type de bois entraîne la dégradation du sol et son appauvrissement en sels minéraux.

En forêt de Coëtquen

Vous musarderez par des sentes sinueuses dans une forêt très variée. A apprécier en automne dans la splendeur dorée des hêtres et des châtaigniers.

Pic épeiche.
Dessin P.R.

Situation forêt domaniale de Coëtquen, à 8 km à l'Est de Dinan par les D 794 et D 68

 Parking aire de La Chesnaye, sur la D 68

Balisage

❶ à ❸ bleu (losanges)
❸ à ❻ vert (losanges)
❻ à ❶ bleu

❶ Suivre le sentier du Rocher.

❷ A la mare Durand, pénétrer à droite dans la parcelle 47 *(semis de châtaignier, chêne d'Amérique)*. S'élever sur le rocher Durand *(châtaignier, hêtre)*, descendre dans la parcelle 43. Parvenu à un grand hêtre, prendre à gauche le chemin forestier. Couper successivement deux allées et pénétrer dans la parcelle 40 *(pin sylvestre, houx, puis taillis très pauvre)*. Parvenir à un carrefour.

❸ Poursuivre tout droit par le sentier du Chêne, pénétrer dans les parcelles 37 *(coupe à blanc puis futaie adulte de hêtre et de chêne)* puis 34 *(taillis sous futaie, hêtre et châtaignier)*. Couper l'allée centrale, traverser les parcelles 35 et 33. Au bout du chemin, obliquer à gauche dans un layon et le suivre sur 50 m.

▶ A droite, le sentier se dirige vers l'aire de La Ville-Hamon d'où il est possible de se rendre dans la partie Nord de la forêt.

❹ Continuer dans le layon. A son extrémité, poursuivre dans une sente serpentant dans la parcelle 35 *(chêne, hêtre)*. Tourner à gauche, entrer dans la parcelle 38 *(pin sylvestre, houx)*. Parvenir au chêne des Forts. Serpenter dans la forêt *(on retrouve la hêtraie-châtaigneraie)*, couper une laie *(chêne d'Amérique)* et emprunter à gauche un sentier.

❺ Traverser successivement deux laies pour pénétrer dans la parcelle 42 *(futaie de hêtre)*. Après la parcelle 46 *(chêne, hêtre)*, parvenir à la mare Gicquel. Traverser la parcelle 49 *(hêtre, pin, sapin)* et déboucher sur une allée.

❻ Poursuivre en face par le sentier du Rocher, couper l'allée centrale, s'engager dans la sente, à droite du carrefour, dans la parcelle 51. Après des pins sylvestres et une coupe avec des semis, retrouver la mare Durand.

❷ Aller à droite pour regagner le parking.

 À voir

 **En chemin**

■ mare Durand ■ rocher Durand ■ chêne des Forts ■ mare Gicquel

Dans la région

■ Dinan : cité médiévale
■ Saint-Pierre-de-Plesguen : église 15e-16e

45

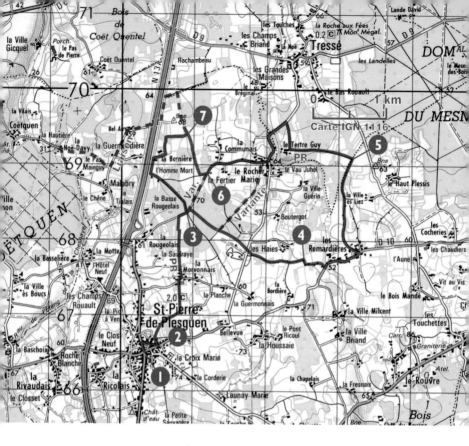

Le pays du granit

Eglise de Saint-Pierre-de-Plesguen.
Photo C.B.

Pays de lande et de bocage, Saint-Pierre-de-Plesguen, "la paroisse blanche", est un centre d'extraction du granit bleu ou gris comme sa voisine Lanhélin, où se trouve le "jardin du granit" dans le centre du bourg. C'est ce granit qui fut utilisé au 19e siècle pour les encadrements des maisons plus cossues de la vallée de la Rance, comme les "maisons de capitaine". La belle église construite en grand appareil domine au nord la campagne. Selon la légende, son édification aurait été décidée suite à un vœu d'un duc de Bretagne (Pierre de Dreux ?). L'emplacement aurait été déterminé par des bœufs traînant un lourd chariot : ils se seraient d'abord désaltérés à une source (la fontaine Saint-Pierre) puis auraient gravi le tertre pour s'y arrêter définitivement...

Saint-Pierre-de-Plesguen

3 h 30 • 14 Km

Au départ d'une très belle église édifiée sur un tertre, le circuit vous fera découvrir un agréable paysage de bois et de bocage.

❶ Pénétrer dans l'enclos paroissial et contourner l'église par le Nord. Après la place du Tertre, emprunter à gauche la rue des Déportés *(D 10)* puis la rue Joseph-Allaric.

Mésange à longue queue. Dessin P.R.

❷ Prendre à droite une allée le long du parcours sportif puis, après les étangs, un chemin creux en direction de La Morvonnais. Continuer vers le Nord, couper un chemin pour s'engager sur un étroit chemin herbeux. A l'orée du bois, se diriger tout droit le long des pâtures. Suivre à droite la route sur 150 m.

❸ Laisser à gauche le sentier de retour et pénétrer bientôt à droite dans le bois. Passer à gauche de la déchetterie, rejoindre un itinéraire équestre. Poursuivre tout droit, couper une route et parvenir en zone bocagère.

❹ Au Sud-Est des Haies, tourner à droite puis à gauche. Gagner une route, la suivre à gauche et traverser Les Renardières. Dans le virage, partir à gauche devant le gîte rural. Demeurer toujours sur le chemin principal.

❺ A son extrémité, suivre à gauche une sente dans la lande puis s'élever jusqu'au Tertre-Guy. Emprunter à droite sa route d'accès puis à gauche la route de Tressé sur 500 m. Prendre à gauche la route vers Le Rocher-Marie.

❻ 200 m après l'accès à La Communais, obliquer à droite, puis longer la lisière du bois. Au bout de 500 m, parvenir à une intersection.

▶ Tout droit, possibilité de rejoindre la forêt de Coëtquen.

❼ Tourner à gauche. Parvenir à La Bornière, longer vers le Sud, par un passage herbeux, la route parallèle à la N 137. Aller à gauche vers L'Homme-Mort puis pénétrer à droite dans le bois.

❽ Par l'itinéraire emprunté à l'aller, revenir au bourg.

Situation Saint-Pierre-de-Plesguen, à 13 km à l'Est de Dinan par la D 794 et la D 337

Parking place de la Mairie

Balisage
losanges verts

Difficulté particulière

■ confusion possible avec d'autres chemins balisés
■ quelques passages boueux

À voir

En chemin

■ Saint-Pierre-de-Plesguen : église 15e-16e avec pierres tombales ■ Le Tertre-Guy : manoir

Dans la région

■ forêts de Coëtquen et du Mesnil ■ Tressé : allée couverte ■ abbaye du Tronchet 17e ■ Pleugueneuc : château de La Bourbansais 17e-18e

La presqu'île de Saint-Suliac  **11**

Situation Saint-Suliac, à 10 km au Sud de Saint-Malo par les N 137 et D 117

Au moulin de la Chaise, sur le mont Gareau (73 m), la vue embrasse trente-deux clochers, la côte normande, le Mont-Saint-Michel, la falaise de Saint-Broladre, le mont Dol...

 Parking
port

▶ A marée haute, gagner l'église par une ruelle et, à la crêperie, suivre le balisage jaune.

Balisage

❶ Longer le quai vers le Nord, poursuivre en haut de grève et gravir un raidillon vers la pointe de Grainfollet *(en chemin, vue sur le bourg).*

❶ à ❹ jaune-rouge
❹ à ❺ jaune
❺ à ❻ non balisé
❻ à ❽ jaune
❽ à ❶ jaune-rouge

❷ Poursuivre sous l'oratoire par le sentier du littoral jusqu'à la pointe du Puits et une station d'épuration de coquillages. Longer la grève jusqu'à la digue du marais des Guettes *(cette digue, empruntée par le sentier du littoral, permet l'observation des oiseaux ; en face, ancien moulin de Quinard).* Continuer tout droit par un agréable chemin ombragé sur 1 km.

 Difficulté particulière

■ passages sportifs ■ circuit impraticable à marée haute entre ❷ et ❹

▶ Variante : à droite, un raccourci permet de gagner directement le bourg.

❸ Poursuivre, passer en contrebas du moulin du Tertre et parvenir à la D 117 *(en face, ancien moulin à marée du Beauchet).*

Ne pas oublier

❹ Prendre à droite la rue des Salines puis à gauche le chemin du Gué-Morin. Suivre à gauche la zone de stationnement de la D 7.

À voir

❺ S'élever à droite en sous-bois. A un ancien lavoir, grimper vers la droite. Emprunter à droite le chemin vers Le Champ-Orain et gagner la route, la descendre sur 100 m.

En chemin

■ Saint-Suliac : église gothique (enclos paroissial 13e), ruelles et maisons anciennes ■ pointe de Grainfollet : oratoire de la Vierge (lieu de pèlerinage), panorama ■ mont Gareau panorama ■ vestiges du camp viking 10e

❻ Gravir à gauche un chemin vers le mont Gareau et déboucher sur le chemin de crête.

▶ A gauche, moulin de la Chaise *(panorama)* ; extension possible du circuit *(voir tracé en tirets sur la carte).*

❼ Suivre à droite le chemin de crête sur 200 m *(point de vue)*, descendre à gauche en sous-bois. Passer en bas des carrières et descendre rapidement *(on domine le carré de digues d'un camp viking près du rivage).*

 **Dans la région**

■ Chablé-en-Saint-Suliac : Dent de Gargantua (menhir) ■ Châteauneuf-d'Ille-et-Vilaine : église 15e, maisons anciennes 16e

❽ Avant la grève, s'engager à droite dans l'étroit sentier du littoral. S'élever dans les pentes du mont Gareau, contourner la falaise *(possibilité de gagner la crête rocheuse à travers les ajoncs ; vue sur la Rance).* Poursuivre en sous-bois au-dessus de la grève et gagner l'extrémité du port.

Saint-Suliac

B ourg de pêcheurs aux " ruettes " étroites, bâti le long d'une grève, Saint-Suliac doit son nom à un disciple de Saint-Samson qui y fonda un monastère. La belle église du 13e siècle, entourée d'un enclos paroissial, eut à souffrir des guerres de la Ligue puis de la Révolution ; quatre statues du porche furent alors mutilées.

Jusqu'au 16e siècle, on y produisait un vin blanc réputé. Des salines furent créées en 1736 au fond de l'estuaire du ruisseau de la Goutte. Pendant un siècle et demi, ces marais fournirent en sel le nord de la Bretagne. Les gabelous surveillant les contrebandiers avaient leur poste d'observation aux Guettes. Le sentier côtier sur la digue du polder des Guettes permet

Saint-Suliac. *Photo C.B.*

l'observation des nombreux oiseaux de l'anse. De même, le mont Gareau, promontoire de quartzite au-dessus de la Rance, domine les nuées d'oiseaux des vasières de l'anse de Vigneux et l'ancien camp Viking. De ce lieu de légendes, Saint-Suliac aurait précipité un serpent monstrueux dans le fleuve.

Les moulins à marée

Moulin de Quinard. *Photo C.B.*

L ' imposante silhouette du moulin Quinard et le moulin de Beauchet au fond de l'anse rappellent l'époque où quatorze moulins à " eau bleue " fonctionnaient à l'embouchure des rias affluentes de la Rance en raison de l'amplitude des marées dans l'estuaire.

Une chaussée submersible munie de deux portes pivotantes fermait la ria. Avec le flux, les portes cédaient sous la pression de l'eau. A marée haute, les portes se fermaient : on abaissait les vannes du moulin. Au moment du reflux, les vannes étaient relevées lorsque les roues du moulin étaient hors d'eau. L'eau retenue s'y engouffrait et faisait tourner les roues.

De certains moulins, Montmarin, Fosse-Morte, La Herviais, ne restent que les soubassements. D'autres sont des bâtiments industriels du 19e siècle à plusieurs niveaux : La Richardais, Plouër, Rochefort, Quinard, Mordreuc. Le moulin du Prat, ruiné, a été racheté par la municipalité de La Vicomté. Le moulin de Pont-de-Cieux en Pleudihen fonctionna jusqu'en 1963.

L'aventure de la Grande Pêche

La pêche morutière fit vivre la population de l'arrière-pays malouin pendant cinq siècles, du début du 16e siècle à l'aube de la seconde guerre mondiale. C'est tout un peuple de paysans qui partit vers Terre-Neuve, poussé loin de sa campagne par la misère. La moitié de la population de bourgs comme Plouër ou Pleudihen était composée de terre-neuvas, les " pelletas ". De Saint-Malo, partirent en 1786, 120 voiliers avec 5000 hommes. Les deux tiers étaient des hommes des bords de Rance.

Les terre-neuviers partaient en février - mars. Une fois " banqués ", c'est-à-dire parvenus sur les bancs de Terre-Neuve, ils y demeuraient six à huit mois. On " débanquait " pour revenir à l'automne. La morue était ramenée, soit séchée sur les graves (grèves de cailloux) de Terre-Neuve et Saint-Pierre, soit salée à bord des trois-mâts (morue verte) pour être séchée au retour.

Revenus à terre, les hommes reprenaient leur travail de paysan, d'artisan ou d'ouvrier. Au 19e siècle, début décembre, aux foires des terreneuvas, à Plouër ou Miniac-Morvan,

avait lieu l'embauchage, souvent au cabaret.

La mortalité était élevée. Un médecin de la marine a calculé un taux de 26‰ pour la campagne de 1897 : le double de celui de chacune des batailles de Magenta et Solférino ! Les naufrages étaient fréquents dans la zone (tempêtes, icebergs puis abordage par les vapeurs). Les chaloupes puis les doris (après 1885) partis pour tendre ou relever les lignes de fond s'égaraient dans la brume ou chaviraient ou leurs marins tombaient à l'eau. S'y ajoutaient les blessures, les épidémies, la mauvaise santé due au travail épuisant, à la malnutrition, l'alcoolisme, l'absence d'hygiène.

Les pêcheurs se plaçaient sous la protection de la Vierge ; le 15 août était le seul jour chômé...Le retour d'équipages au complet donnait lieu à l'offrande de bateaux votifs, d'ex-voto ou de processions. L'oratoire de Grainfollet fut érigé en 1894, suite à un vœu réalisé : tous les marins de Saint-Suliac revinrent.

Les chalutiers puis les navires-usines remplacèrent les voiliers et épuisèrent les bancs.

Oratoire de Notre-Dame-de-Grainfollet. Photo C.B.

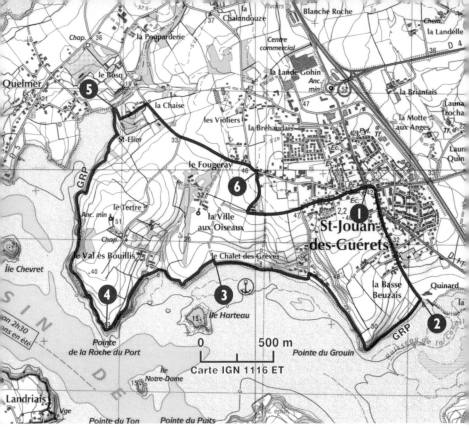

La flore de la Rance maritime

Sur la rive gauche, protégée du vent, les falaises boisées, entaillées par des vallons encaissés, portent pin maritime, chêne pédonculé, noisetier, châtaignier, houx.

Sur la rive droite, qui s'abaisse en de nombreuses grèves, les pentes soumises aux vents d'ouest dominants sont couvertes d'une lande d'ajonc ou de fougère, Sur les falaises moins exposées croît une lande plus haute d'arbustes : prunier, prunellier, aubépine, troène, églantier.

Accompagnent le randonneur, les mauves, le fenouil, les taches bleues de la bourrache officinale, les compagnons blanc et rouge, les épis jaunes des molènes, le fruit orangé du gouet maculé. Sans oublier l'argent de l'obione du schorre au-dessus des vasières.

Molène. *Photo C.B.*

Les rivages de Saint-Jouan

Fiche pratique **12**

2h40
8 Km

Situation Saint-Jouan-des-Guérets, à 6 km au Sud de Saint-Malo par la N 137

 Parking église

 Balisage
1 à **2** non balisé
2 à **5** jaune-rouge
5 à **1** non balisé

 Difficulté particulière
■ digue submersible par forte marée en **5**

 Ne pas oublier

Un belvédère remarquable sur l'estuaire de la Rance, Le Minihic et la presqu'île de Saint-Suliac, en bordure du quadrillage coloré des cultures légumières du Clos-Poulet

Chevalier gambette. *Dessin P.R.*

1 Prendre la route de Saint-Père et Saint-Suliac *(D 117)* puis tout droit la rue du Moulin-de-Quinard.

2 Suivre à droite le rivage de l'anse de la Couaille *(face à Saint-Suliac et à la digue du polder des Guettes)* jusqu'à la pointe du Grouin. Gravir la falaise pour prendre le sentier côtier entre les cultures légumières et les haies d'arbustes *(face à La Landriais)*. Atteindre la grève du Vallion. Longer à nouveau le rivage.

3 Reprendre le sentier du littoral le long des champs *(face à l'île Harteau)*. Descendre sur la crique du Val-ès-Bouilly. A son extrémité, grimper l'escalier du sentier côtier. Longer la falaise jusqu'à la pointe de la Roche-du-Port *(panorama sur l'estuaire de la Rance avec le mont Gareau et le pont Chateaubriand, la pointe du Puits et l'île Notre-Dame et, sur l'autre rive, le chantier naval de La Landriais et les falaises du Minihic)*.

4 Poursuivre en balcon dans la lande haute et les arbustes puis en milieu boisé *(face à l'île Chevret et à La Passagère)*. Gagner le fond de l'anse, descendre à la grève et longer le mur de la propriété de Saint-Hélier.

5 S'élever par un chemin creux *(figuier à son entrée)*, puis longer le champ vers Bel-Air *(vue sur Quelmer et la malouinière du Bosq 18e dans son parc)*. A La Chaise, emprunter la D 204 vers la droite sur 1 km.

6 Au Fougeray, prendre à droite le chemin des Rues, contourner la ferme par le Sud et regagner tout droit le centre du bourg par la rue Saint-Edouard.

Aubépine
Dessin N.L.

À voir

 En chemin

■ moulin à marée de Quinard
■ pointe de la Roche-du-Port : panorama

Dans la région

■ malouinières du Bosq (18e, visites juillet et août à 15 h 30) et de La Chipaudière 18e (visites l'été) ■ Quelmer : cale et plage de la Passagère (panorama) ■ Saint-Servan : parc départemental de la Briantais ■ Saint-Père : fort de Châteauneuf 18e

La Rance maritime

3h30 · **12 Km**

De la station balnéaire aux remparts de la cité corsaire, vous dominerez les rives de la baie de Saint-Malo et de la Rance maritime en passant par l'antique cité d'Alet.

❶ A l'embarcadère, utiliser la vedette vers Dinard.

❷ Suivre vers le Sud le GR® par la promenade du Clair-de-Lune puis gagner la plage du Prieuré.

❸ A son extrémité, descendre contourner une pointe *(à marée haute, suivre la route)*. Emprunter le chemin de ronde sur la falaise boisée. Faire ainsi le tour des pointes de la Vicomté et de la Jument *(panorama sur l'île de Cézembre, les îlots du Petit et du Grand-Bé, la presqu'île d'Alet, le port de Saint-Servan avec la tour Solidor, et le rocher de Bizeux, surmonté de la Vierge)*. Atteindre l'anse du Pissot, remonter son vallon d'accès, tourner à gauche, suivre la rue vers la gauche puis prendre la rue du Grand-Mât aboutissant à des escaliers. Descendre sur l'usine marémotrice.

❹ Longer le barrage par le passage piétons côté aval.

❺ S'élever vers une allée dans le parc de La Briantais. Suivre à gauche cette promenade au-dessus de la Rance. Continuer par la route au-dessus de la plage puis du cimetière du Rosais *(sépulture de la famille Chateaubriand)* et tourner à gauche *(belvédère)*. Descendre une rampe vers la plage des Fours-à-Chaux et suivre la promenade. Gravir une rue vers la résidence de la Concorde, emprunter les rues du Génie puis de l'Equerre. Se diriger vers le centre de Saint-Servan. Descendre la rue de la Fontaine.

▶ A gauche, promenade aller et retour dans le parc des Corbières.

❻ Rejoindre par le porche le quai Solidor et gagner la tour Solidor. Suivre le quai du port Saint-Père puis gravir des escaliers *(sur la place Saint-Pierre, vestiges de la cathédrale carolingienne du 10e)*. Prendre à gauche le chemin de la Corderie puis longer la corniche contournant la presqu'île d'Alet *(au sommet, fort 18e, mémorial de la guerre 1939-1945)*. Descendre sur le port des Sablons.

❼ Longer la plage des Bas-Sablons, contourner le gymnase, franchir les écluses du Naye par la D 126, gagner les remparts et la porte de Dinan.

Situation Saint-Malo

 Parking porte de Dinan (payant)

 Balisage

❶ à ❷ non balisé (liaison maritime)
❷ à ❹ blanc-rouge
❹ à ❺ non balisé
❺ à ❼ blanc-rouge
❼ à ❶ non balisé

⚠ Difficulté particulière

■ pas de service de vedettes hors saison (voir p.12)

Ne pas oublier

 **A voir**

En chemin

■ Dinard : promenade du Clair-de-Lune ■ usine marémotrice de la Rance ■ cimetière marin du Rosais ■ Saint-Servan : parc des Corbières, tour Solidor 14e (musée international du Long Cours cap-hornier), presqu'île d'Alet

Dans la région

■ Saint-Malo : ville close ■ Dinard : villa Eugénie (musée du Site balnéaire) ■ Quelmer : malouinière du Bosq (18e, visites juillet et août à 15 h30), cale et plage de La Passagère (panorama) **55**

Dinard la "British"

Dinard, ancien port de pêche de Saint-Enogat, lancée au milieu du 19e siècle par quelques Anglais, se développera à la fin de ce siècle avec l'arrivée d'un comte libanais, promoteur immobilier entreprenant. A la Belle Epoque et jusqu'aux Années Folles, Dinard sera le rendez-vous huppé d'une aristocratie cosmopolite.

Ce passé a laissé un patrimoine balnéaire d'hôtels luxueux et de villas extravagantes, d'une architecture à l'imagination débridée : villas néogothiques, italiennes, Louis XIII, cottages anglais, situées sur les pointes de la Malouine et du Moulinet ou dans le quartier du Bric-à-Brac. Plus de la moitié de ces villas (407) ont été sauvegardées par la création d'une zone de protection

Villas pointe de la Malouine. Col. privée *H.F.*

du patrimoine architectural et urbain. La côte orientale bénéficie d'un micro-climat doux. Le long de la célèbre promenade du Clair-de-Lune où flânaient les élégantes, croît une luxuriante végétation méditerranéenne ou exotique : mimosa, eucalyptus, palmier, bougainvillée...

L'usine marémotrice

L'usine, inaugurée en 1966, fut la première centrale marémotrice construite au monde. Le choix du site fut déterminé par l'amplitude exceptionnelle des marées (13,5 m). La centrale fonctionne sur le même principe que les moulins à marée mais le système permet d'utiliser aussi l'énergie du flux (cycle " double effet "). Elle fournit en électricité 250 000 personnes.

Les travaux de construction, à une époque où la préservation de l'environnement n'était pas un souci majeur, nécessitèrent l'extraction, par tonnes entières, de sable des dunes de la Côte d'Emeraude. Durant ceux-ci, la flore et la faune de la Rance, isolées de la mer, souffrirent beaucoup mais elles se sont depuis adaptées à leur nouveau

Barrage de la Rance *Photo C.B.*

milieu. L'usine est souvent accusée de provoquer l'envasement de la Rance...Elus, EDF et usagers, réunis dans l'association Cœur, ont retenu un programme de réhabilitation avec pour priorité son désenvasement. De 30 000 à 40 000 m³ de vase pourraient être extraits chaque année !

D'Alet à ...Saint-Malo

Selon la tradition, le Gallois Malo rejoignit l'ermite Aaron sur son rocher et devint évêque d'Alet. Avec la montée des eaux, l'îlot fut jugé plus sûr qu'Alet et l'évêque Jean de Châtillon y transféra l'évêché en 1145-1146. C'était un " minihy ", c'est-à-dire une terre ecclésiastique offrant immunité, asile et franchise. Etendu à l'est, il accueillit une grande population, en partie marginale, et beaucoup d'étrangers, origine peut-être du caractère malouin indépendant, frondeur et aventureux.

Ainsi, les Malouins en rébellion contre leur évêque s'organisèrent-ils en commune en 1308. Opposés à Jean IV, ils virent d'un mauvais œil l'édification de la tour Solidor et des édifices ultérieurs des Montfort qu'ils estimaient dirigés contre eux. Saint-Malo sera une véritable enclave royale dans le duché jusqu'en 1415. De même, la ville, ligueuse, mais méfiante envers les ambitions personnelles du duc de Mercoeur, se constitua en 1690 en " république municipale autonome " puis se rallia à Henri IV après son abjuration. Jouissant d'une franchise portuaire, la ville devra sa prospérité à l'esprit d'entreprise économique et financière de ses bourgeois. Au début du 16e siècle, ils se lanceront dans l'aventure morutière avec une organisation particulière : pêche à proximité de Terre-Neuve et séchage de la morue sur place puis expédition de la majorité du tonnage vers Cadix ou Marseille d'où ils rapportent des marchandises.

Lorsque le commerce breton des toiles vers l'Europe du Nord périclitera au 17e siècle, les Malouins utiliseront Cadix pour approvisionner l'Amérique hispanique en fines toiles de lin, les bretagnes de la région de Quintin.

Victime de la politique royale, Saint-Malo s'orientera vers le trafic des mers du sud. Les cap-horniers commerceront avec le Pérou et le Chili en 1698 puis les Malouins se lanceront dans le commerce avec l'Inde avec la création de la Compagnie des Indes orientales de Saint-Malo.

Définitivement distancé dans la seconde moitié du 19e siècle, le port ne conservera que l'activité morutière.

Cathédrale d'Alet. *Photo C.B.*

Le littoral de Saint-Briac

3h15
13 Km

Découvrez les ruelles d'un vieux bourg, de belles plages protégées, des pelouses parsemées d'orchis et la falaise de La Garde-Guérin.

1 Passer un pont de bois, traverser la D 3 et descendre le long du camping jusqu'au Frémur *(à gauche, séparation du PR 15)*. Contourner une anse et gagner le pont de Lancieux par la grève à marée basse *(à marée haute, bien suivre le balisage)*. Traverser la D 603.

▶ Variante : suivre le GR® le long de la route côtière jusqu'au centre de Saint-Briac.

2 Emprunter la promenade dans le jardin. Passer le pont enjambant la route, puis emprunter les rues de la Hay, de Pleurtuit et la ruelle Emile-Bernard, pour gagner l'église. Poursuivre par les rues de l'Eglise et du Presbytère, la venelle des Ruettes, les rues des Vacantes et du Moulin et la Grande-Rue. Descendre par le jardin public pour retrouver le GR® au feu tricolore.

3 Descendre longer la plage du Béchet par la rue de Port-Hue et une ruelle.

▶ Possibilité de faire le tour de la presqu'île du Nésay *(passer sous le porche)*.

4 Gagner la plage du Perron par les rues de la Salinette, des Mimosas et le chemin du Perron. Entre le rivage et le golf, poursuivre jusqu'à la pointe de la Haye. Contourner une avancée rocheuse, longer la plage de Port-Hue. Suivre la clôture du golf et s'élever vers le sommet de la pointe de la Garde-Guérin. Descendre jusqu'à l'entrée de la plage de Longchamp.

5 Abandonner le GR® et quitter la côte par la rue de Kergai. Traverser à droite La Fosse et prendre un chemin sur la gauche. Faire un crochet à droite par La Ville-Carrée et gagner La Négrais. Par le chemin de La Ville-aux-Trigots, aboutir à une route et la suivre sur 150 m. Se diriger vers La Belle-Noé et, par des chemins sinueux, traverser une petite route et atteindre la D 603.

6 La traverser *(prudence !)* pour s'engager dans un chemin, 20 m à droite. Après une route, poursuivre par le chemin, d'abord goudronné, de Macherel. Franchir un ruisseau. Tourner à gauche en lisière du bois. Descendre vers les tennis et le parking.

Situation Saint-Briac, à 8 km à l'Ouest de Dinard par les D 114, D 168 et D 603

 Parking salle omnisports, après le camping, sur la D 3

 Balisage
1 à **2** jaune
2 à **3** non balisé
3 à **5** blanc-rouge
5 à **1** jaune

 Difficulté particulière

■ chemins marécageux entre **5** et **6** ■ circulation intense en **6**

Ne pas oublier

À voir

 En chemin

■ Saint-Briac : église (clocher 17e), maisons anciennes ■ dunes du Perron et de Port-Hue ■ chemin des Peintres ■ pointe de la Garde-Guérin: panorama

Dans la région

■ Saint-Lunaire : pointe du Décollé, église romane
■ Ploubalay : château d'eau avec terrasse panoramique
■ Saint-Jacut : vieux bourg, île des Ebihens

Le bourg de Saint-Briac

N'hésitez pas à quitter le GR® 34 et le " Balcon d'Emeraude " pour flâner dans les rues et ruelles de Saint-Briac. A l'église, une surprise vous attend : sur chacune des quatre pierres encastrées à l'extérieur de ses murs, est sculpté un superbe maquereau en relief ! Aujourd'hui station balnéaire réputée, Saint-Briac fut autrefois un bourg de marins qui se cotisèrent pour financer en partie la construction en 1671 de l'ancienne église dont demeurent l'élégant clocher tour en granit ...et les fameux maquereaux. De ce passé, témoigne

également la Croix des Marins qui se dresse sur un amoncellement de pierres surplombant la mer à 200 m à l'ouest de l'église. Le lieu, à marée basse et à marée haute, inspira en 1885 deux toiles à Paul Signac. Les vitraux contemporains de l'église retracent la vie de Briac, venu d'Irlande, compagnon de Saint-Tugdual ou Pabu (le futur fondateur de l'abbaye évêché de Tréguier) qui créa au 6e siècle un petit monastère au village de La Chapelle.

Clocher de Saint-Briac.
Photo Y.L.

Le chemin des peintres

Sur le chemin des peintres, musée en plein air de Dinard au cap Fréhel, le promeneur peut, à l'endroit où l'artiste a planté son chevalet, comparer une copie de l'œuvre au paysage qui l'a inspiré ou lui a servi de toile de fond. Dinard est lié aux aquarelles d'Eugène Isabey et aux peintures de femmes de Pablo Picasso.

Quatorze œuvres concernent le littoral et le bourg de Saint-Briac. Comme Pont-Aven, il attira les peintres mais il ne donna pas lieu à une " école ", chacun conservant son individualité et sa recherche personnelle.

Le plus fidèle fut Alexandre Nozal qui hanta les lieux pendant trente-neuf ans. Paul Signac y réalisa des huiles de technique impressionniste avant de s'orienter vers le pointillisme de Georges Seurat en 1890. Henri Rivière, inspiré par l'art japonais, signa en 1890 un ensemble de gravures sur bois. Au fil de ses séjours de 1887 à 1892, Emile Bernard jettera les bases d'une peinture synthétique et cloisonniste (cernes des formes et aplats de couleurs) qui seront adoptées par Gauguin.

Les dunes de Saint-Briac

Les cordons dunaires du Perron et de Port-Hue avaient été fortement dégradés par l'extraction de sable et la fréquentation touristique. Espace naturel départemental, le massif dunaire a été reconstitué par la plantation d'oyats sur la dune vive et est protégé du piétinement par des ganivelles (barrières de piquets de châtaigniers).

L'oyat est une graminée au rhizome très long qui s'enracine dans le sable au niveau de tous les noeuds. Grâce à sa feuille enroulée sur elle-même, elle résiste aux embruns et à la sécheresse et supporte l'ensevelissement sous le sable.

Le golf de Dinard occupe une dune fixée. Les dunes fixées, où subsiste du calcium, offrent des conditions favorables à la présence d'orchidées.

Orchis. *Photo C.B.*

La Société pour l'Etude et la Protection de la Nature en Bretagne en a recensé dix-sept espèces sur la Côte d'Emeraude.

Les îles du Perron et Dame Jouanne sont accessibles à marée basse. Au large, l'île Agot, site de l'Age du Fer, est un refuge d'oiseaux marins.

La Garde Guérin

Avancée rocheuse surplombant l'océan de 47 m, la pointe de la Garde Guérin était un poste d'observation des garde-côtes qui couvrait le rivage du cap Fréhel aux îles Chausey. Le Département l'a restaurée et protégée d'une fréquentation excessive.

A l'ouest, sur la prairie littorale, on peut observer l'ophrys abeille parmi une flore très diversifiée. Le sommet est couronné d'une végétation dense : à l'ouest, lande basse et sèche à bruyère cendrée, ajoncs nain et de Le Gall, genêt à balais, rose pimprenelle; à l'est, lande haute à ajonc d'Europe, fougère aigle, prunellier, ronce. Au sud-est, une dépression humide est le domaine du sureau, du saule et du roseau. A signaler la pré-

Fauvette pitchou. *Photo Ph.P. / SEPNB*

sence de l'orchis à feuilles larges. Les landes et fourrés abritent insectes, reptiles et de nombreux passereaux : linotte mélodieuse, traquet pâtre, pouillot véloce, fauvettes pitchou, à tête noire et grisette.

Une population de chauves-souris protégée habite les blockhaus.

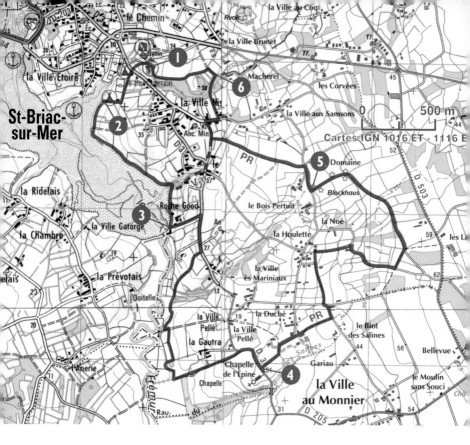

La ria du Frémur

C et estuaire est un refuge hivernal important pour canards et limicoles. Le sentier permet bien d'observer la physionomie d'un estran (littoral situé dans la zone de balancement des marées) vaseux d'estuaire.

La slikke (du néerlandais *slijk* = boue) est la partie inférieure, toujours recouverte à marée haute. Le schorre (du néerlandais *schor* = pré salé) n'est inondé que par les marées hautes de vive eau. Entrecoupé de canaux où circule l'eau de mer au flot et au jusant, il est recouvert d'une végétation très dense de plantes halophiles (aimant le sel) dont les plus caractéristiques sont l'obione et la salicorne.

Remarquons les nombreux tamaris d'Angleterre, espèce supportant bien les embruns car le sel est excrété par des glandes épidermiques.

Le Frémur. *Photo C.B.*

L'estuaire du Frémur

3 h
9 Km

Aigrette garzette
Dessin P.R.

Remontez l'estuaire puis flânez par de beaux chemins dans un paysage bocager préservé. A déguster fin septembre avec les mûres des nombreuses haies, dans la senteur subtile du fenouil !

❶ Passer un pont de bois, traverser la D 3 et descendre le long du camping jusqu'au Frémur.

▶ Séparation du PR 14 qui part à droite.

❷ Gravir à gauche les escaliers du sentier du littoral et longer la rive. Laisser un raccourci et poursuivre jusqu'à l'ancien moulin de Roche-Good au fond de l'estuaire.

❸ S'élever par la petite route, prendre à droite la D 3 sur 250 m *(à gauche, ancien moulin à vent de Bellevue)*. Descendre un chemin vers la vallée, effectuer à gauche un crochet de quelques mètres pour continuer entre les champs. Suivre à gauche un chemin de terre sur une digue puis un chemin creux. Retrouver la D 3, l'emprunter à droite sur 200 m.

▶ A droite, chapelle de l'Epine.

❹ Prendre à gauche la route du manoir de La Duchée. Passer devant celui-ci, continuer dans un chemin creux. Suivre la route vers la gauche, s'engager à droite dans un chemin herbeux. A La Houlette, tourner à droite dans un remarquable chemin creux puis suivre à droite la route sur 300 m. Gagner à gauche une autre route et l'emprunter jusqu'au Bois-Pertuit *(panorama sur la côte de Saint-Cast-le-Guildo)*.

❺ Rejoindre à droite un carrefour, emprunter à gauche un chemin empierré face à la route d'accès des Domaines puis tout droit un sentier vers le moulin à vent de la Marche. Gagner à droite Le Champ-Corbin puis à droite La Ville-au-Sène. Descendre à gauche un chemin vers la vallée Gatorge, franchir le ruisseau et remonter en sous-bois jusqu'à un chemin transversal.

▶ Jonction avec le PR 14 qui arrive de la droite.

❻ Tourner deux fois à gauche, descendre vers les tennis et le parking.

Situation Saint-Briac, à 8 km à l'Ouest de Dinard par les D 114, D 168 et D 603

Parking salle omnisports, après le camping, sur la D 3

Balisage jaune

Difficulté particulière

■ confusion possible avec d'autres chemins balisés en jaune

Ne pas oublier

À voir

En chemin

■ flore et avifaune de l'estuaire ■ moulin à marée de Roche-Good ■ moulins à vent ■

**Dans la région**

■ Saint-Briac : église (clocher 17e), maisons anciennes ■ Saint-Lunaire : pointe du Décollé, église romane ■ Ploubalay : château d'eau avec terrasse panoramique ■ Saint-Jacut : vieux bourg, île des Ebihens

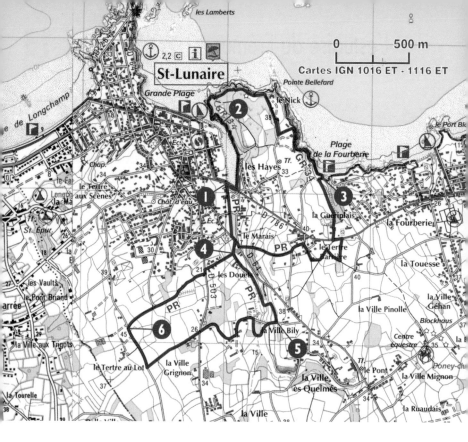

La pointe du Nick

La lande courait autrefois au long de la côte de Saint-Briac à Dinard. La pointe du Nick, recouverte de courtes broussailles et de fougères, a été acquise par le Conservatoire du littoral et demeure la seule falaise restée " sauvage " à l'est de la pointe de la Garde Guérin. De la pointe du Décollé, aujourd'hui défigurée, la vue est également splendide : Saint-Malo, les îlots de la baie, la pointe de la Varde et le cap Fréhel à l'ouest.

C'est là, vers 540, que débarqua dans la tempête le moine gallois Lunaire. La légende raconte que, dans le brouillard, il fendit (" décolla ") la pointe avec son épée. Son tombeau, un ancien sarcophage gallo-romain recouvert d'une dalle portant le gisant du saint, se trouve dans l'ancienne église (11e siècle) du bourg.

La pointe du Décollé. *Photo C.B.*

Balade à Saint-Lunaire

2 h 30
7,5 Km

Cette promenade vous fera contempler le grand large depuis la pointe du Nick puis vous flânerez dans une agréable campagne.

① Longer la rive droite du Grévelin sur 200 m. S'élever par le sentier du littoral dominant l'estuaire. Atteindre le sommet de la falaise *(surplombant la plage de Saint-Lunaire, face à la pointe du Décollé)*.

② Poursuivre en balcon sur la pointe du Nick *(vue sur les îles de Cézembre et Harbour, la ville close de Saint-Malo et la pointe de la Varde à l'horizon)*. Contourner la propriété du Nick. Se glisser à gauche dans une sente vers le bord de la falaise *(au-dessus de la plage de la Fourberie)*. Gravir un escalier vers un chemin transversal.

③ Se diriger vers la droite puis tourner aussitôt à gauche dans une sente en bordure de prairie. Atteindre un large chemin puis la D 786. La traverser *(prudence)* pour emprunter 30 m à gauche un chemin entre les cultures. Au bout, obliquer à droite, s'engager à gauche dans un chemin creux, longer à droite un lotissement. Pénétrer dans Le Tertre-Barrière, tourner à gauche et quitter la route dans le virage. Descendre dans le vallon du Grévelin, prendre à droite la D 64 puis à gauche vers un lavoir.

④ Après le lavoir, emprunter à gauche le sentier de la Vallée-de-l'Amitié. Franchir le Grévelin, et en remonter le cours par sa rive droite. Gravir à gauche un escalier et cheminer dans la lande au-dessus du vallon.

⑤ Descendre contourner un plan d'eau, demeurer sur la même route sur 500 m. Traverser la D 503 et s'élever en face jusqu'à la route. La prendre sur 300 m à droite.

⑥ Obliquer à droite dans un chemin de terre se prolongeant par une route. A la rue des Ecoles, suivre le chemin de Fortune ramenant au lavoir.

④ Rejoindre et traverser la D 64, longer la rive gauche du Grévelin et gagner le parking par l'espace vert.

Silène maritime
Dessin N.L.

Situation Saint-Lunaire, à 3 km à l'Ouest de Dinard par la D 786

Parking aire de pique-nique au fond de l'estuaire, sur la D 786

Balisage
① à **③** blanc-rouge
③ à **①** jaune

Difficulté particulière

■ parcours assez sportif entre **①** et **③** ■ circulation intense sur la D 786 entre **③** et **④**

Ne pas oublier

À voir

En chemin

■ pointe du Nick : panorama ■ lavoir ■ vallon aménagé du Grévelin

Dans la région

■ Saint-Lunaire : église romane avec tombeau du saint, croix du Pilori 16e, plage (architecture balnéaire) ■ pointe du Décollé

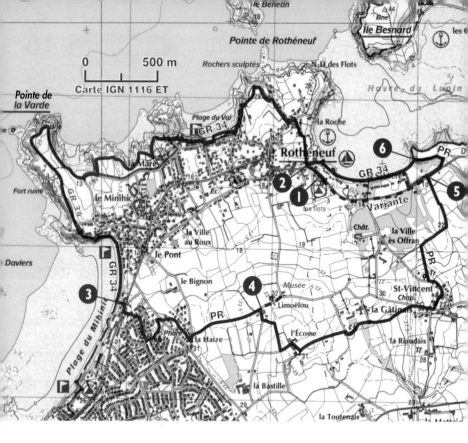

Une côte fortifiée

S aint-Malo, le " nid de guêpes " cible des Anglais fera l'objet dès 1689 d'un plan de défense élaboré par Vauban et mis en oeuvre par Garangeau : forts bâtis sur des îlots ou rochers (Harbour, La Conchée, Fort National, Petit-Bé), retranchements et batteries (île de Cézembre, Grand-Bé, pointe de La Varde).

La ville close sera agrandie et ses remparts renforcés. Ceux-ci avaient été érigés au 12e siècle après le transfert de l'évêché puis complétés par Charles VI et les Montfort (château).

A la suite de l'attaque à revers des Anglais débarqués en juin 1758 à Cancale, cette dernière sera défendue par le fort de l'île des Rimains et le pays sera protégé de l'intérieur par les forts de la Cité d'Alet et de Saint-Père. L'ensemble était complété par les forts de la pointe de la Varde et de l'îlot du Guesclin.

Fort National. *Photo C.B.*

La pointe de la Varde

3h · **9 Km**

Après le belvédère de la pointe de la Varde, d'où la vue s'étend de la pointe du Meinga au cap Fréhel, la balade serpente dans la campagne malouine offrant vieilles demeures, manoirs et chapelles.

Situation Rothéneuf, à 4 km au Nord-Est du centre de Saint-Malo par la D 201

Parking camping des Ilots, sur la D 201 (sortie Est)

 Balisage

❶ à ❷ non balisé
❷ à ❸ blanc-rouge
❸ à ❺ jaune
❺ à ❷ blanc-rouge
❷ à ❶ non balisé

❶ Rejoindre à l'Ouest le GR® venant de la plage du Havre.

❷ Prendre à droite le chemin du Havre puis le chemin des Rochers-Sculptés *(à droite, accès à la chapelle Notre-Dame-des-Flots)*. Poursuivre par le sentier du littoral jusqu'à la falaise *(vue sur la chapelle, l'île Besnard et la pointe du Meinga)*. Par une voie asphaltée puis des escaliers, rejoindre le haut de dune de la plage du Val puis le front de mer. S'engager à droite dans l'avenue du Nicet. A l'entrée du camping, emprunter à droite le sentier du littoral. Aux viviers, gagner la route puis l'extrémité de la pointe de la Varde. Longer l'ancien fort. Après le promontoire de la tour du Bonheur, suivre une allée goudronnée puis descendre vers une digue. Parcourir la plage du Minihic sur 400 m et repérer un escalier en ciment dans les tamaris.

 Difficulté particulière

■ descente très raide après ❻ (mais évitable par la variante)

❸ Le gravir, suivre à droite la D 201 sur 100 m. Emprunter à gauche un chemin asphalté puis une sente dans un lotissement. S'élever à gauche vers un ancien phare, le contourner à gauche par un espace vert. Prendre la rue des Grands-Pointus se prolongeant par une sente asphaltée. Se diriger en face vers Limoëlou et arriver à un carrefour *(tout droit, manoir de Jacques Cartier)*.

Ne pas oublier

❹ Tourner à droite puis à gauche dans un chemin menant à L'Ecosse. Suivre à gauche un chemin vers La Gâtinais, poursuivre vers l'Est jusqu'à la chapelle Saint-Vincent. Virer à gauche après celle-ci et gravir la route vers un ancien moulin. Emprunter une sente, prendre le chemin vers la droite puis atteindre à gauche la D 201.

▶ Variante obligatoire à marée haute : emprunter la D 201 à gauche jusqu'au camping.

▶ Variante pour éviter la descente raide : emprunter la D 201 à gauche, puis rejoindre la plage du Havre à droite.

❺ La suivre à droite sur 100 m, tourner à gauche et prendre à gauche la sente vers la colline de l'île Esnau.

❻ Continuer sur le GR® par une descente très raide dans les rochers, gagner la plage du Havre puis sa rampe d'accès.

❷ Aller à gauche pour retrouver le camping.

 **À voir**

En chemin

■ site des Rochers Sculptés ■ pointe de la Varde : panorama ■ Limoëlou : manoir de Jacques Cartier 15e-16e (musée) ■ Saint-Vincent : chapelle 17e et croix en granit 17e

Dans la région

■ île Besnard ■ pointe du Meinga ■ Saint-Malo : ville close ■ Paramé : malouinière de la Chipaudière 18e (visite l'été)

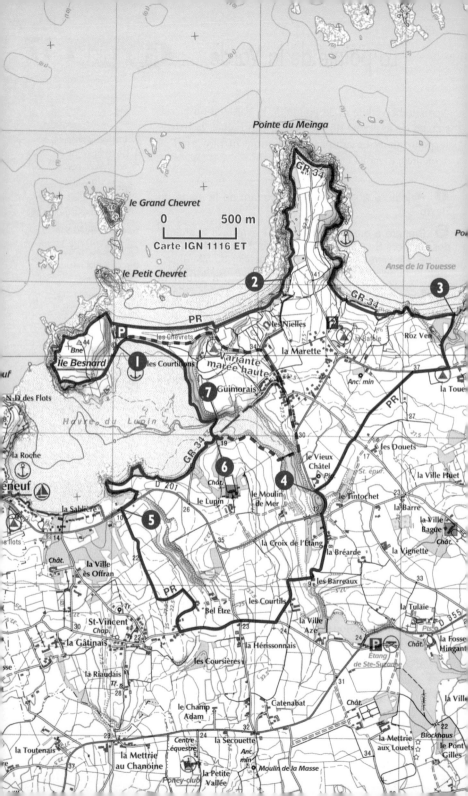

La pointe du Meinga

A l'Ouest, la falaise verticale du cap Fréhel, à l'Est le Cotentin et les îles Chausey. Le proche littoral s'étend entre les pointes de la Varde et du Grouin ; l'église de Cancale domine l'horizon.

Cormoran huppé. *Dessin P.R.*

Situation La Guimorais (commune de Saint-Coulomb), à 10 km à l'Est de Saint-Malo par la D 201

 Parking île Besnard, après le camping des Chevrets

Balisage

❶ à ❷ non balisé
❷ à ❸ blanc-rouge
❸ à ❺ blanc
❺ à ❼ blanc-rouge
❼ à ❶ non balisé

 Difficulté particulière

■ parcours assez sportif entre ❷ et ❸ ■ circulation intense sur la D 201 ■ passage submersible entre ❻ et ❶

Ne pas oublier

❶ S'élever au-dessus du havre de Rothéneuf par un large chemin, longer un champ après une propriété et faire le tour de l'île *(vue sur les îlots des Chevrets)*. Parcourir la plage des Chevrets sous le tombolo dunaire. Accéder à une sente le long du camping par le second escalier. Grimper en direction d'un blockhaus à la base de la pointe du Meinga.

❷ Suivre le GR®, contourner la pointe et atteindre les dunes du Port. Passer en haut de dune le long de la clôture de protection. Grimper pour contourner une avancée rocheuse et descendre à la plage de la Touesse.

❸ A son extrémité, laisser le GR® et s'élever à droite par un chemin sablonneux jusqu'à la D 201 *(à droite, propriété de Roz-Ven où Colette a situé " Le Blé en Herbe ")*. La prendre à droite sur 300 m puis obliquer à gauche dans un chemin de terre. Poursuivre tout droit entre les cultures et atteindre la D 201 au Vieux-Châtel *(pigeonnier)*.

❹ Tourner à gauche puis prendre au carrefour la route vers Les Barreaux et Les Courtils. A la croix des Courtils *(croix pattée)*, tourner à droite. Après un carrefour, emprunter à droite la route des Blanguenons à l'entrée de Saint-Vincent. S'élever à gauche sur la colline. Traverser la D 201 *(variante du GR®)*.

❺ La suivre à droite sur 100 m puis tourner à gauche. Se glisser à gauche dans une sente serpentant dans la pinède de la colline de l'île Esnau. Descendre à la grève par son chemin d'accès et atteindre la digue en partie écroulée de l'ancien moulin à marée de l'étang du Lupin.

▶ Variante obligatoire à marée haute : poursuivre en haut de grève et terminer par la D 201 à gauche et la route de La Guimorais.

❻ Utiliser la digue pour traverser l'anse.

❼ Quitter le GR® et cheminer le long de la grève jusqu'au parking.

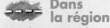 **À voir**

En chemin

■ île Besnard : panorama ■ pointe du Meinga : panorama ■ dunes du Port et plage de la Touesse ■ vieilles bâtisses des Barreaux, des Courtils et des Blanguenons

Dans la région

■ Limoëlou : manoir de Jacques Cartier 15e-16e (musée) ■ Saint-Vincent : chapelle 17e et croix en granit 17e

Le littoral de Saint-Coulomb

L e littoral de Saint-Coulomb est d'une grande variété de paysages et de milieux, demeurés sauvages ou réhabilités :
-estran vaseux du havre de Rothéneuf, espace privilégié pour les limicoles de passage ou hivernants et le tadorne de Belon.
-pointes et falaises rocheuses élevées du Meinga et des Grands Nez, zone de nidification des oiseaux marins farouches. L'îlot granitique du Grand Chevret abrite également cormorans huppés, goélands (argenté, brun, marin), huîtriers-pies, sternes.

-anses sableuses bordées de dunes : dunes perchées (terrasses adossées à une falaise morte) du Port et de Roz-Ven dans l'anse de la Touesse ; cordon dunaire (un seul bourrelet de sable) de l'anse du Guesclin ; flèche sableuse de La Guimorais, appelée tombolo, reliant l'ancienne île Besnard à la côte. Ce tombolo a été constitué par l'accumulation de sable sous l'influence de la dérive littorale et du vent. Les pelouses rases de ces dunes sont d'une grande richesse floristique.

Les malouinières

A a fin du 17e siècle, " ces Messieurs de Saint-Malo " se firent construire des résidences champêtres aux alentours. Ces malouinières possèdent une grande homogénéité architecturale, de style classique austère, car elles reprenaient le modèle militaire malouin. Certaines furent d'ailleurs édifiées par Garangeau, l'architecte de Vauban.

La façade symétrique recouverte d'un crépi de chaux est ornée de chaînages de granit autour des ouvertures, aux angles et entre les étages. Comme les demeures de Saint-Malo, les toitures pentues, aux lucarnes à l'aplomb des travées, sont surmontées de hautes cheminées massives et d'épis de faîtage. Au 18e siècle, seront construits de véritables petits châteaux avec parc à la française, chapelle et intérieur luxueux, comme le Bosq (PR 12 et 13) et la Chipaudière (PR 17), ou La Mettrie-aux-Houets, Montmarin (PR 1).
Plus d'une centaine de malouinières ont été recensées, dont beaucoup à Saint-Coulomb. Certaines s'entrouvrent aux Journées du Patrimoine.

Le Bosq. Photo C.B.

Grand cormoran. *Photo R.P.B. / SEPNB*

La pointe du Grouin

3h15
13 Km

A la pointe du Grouin, face au grand large et aux îles Chausey, la baie du Mont-Saint-Michel s'offre jusqu'à Granville. A l'Ouest, se détache la pointe du Meinga et se profile, dans le lointain, le cap Fréhel.

➊ Gravir la route d'accès au parking. Suivre à gauche la rue de la Basse-Cancale, passer sous la D 201 et s'engager dans une venelle après le n° 22. Tourner à droite, couper une rue et continuer tout droit. Franchir la D 201, traverser La Gaudichais et descendre un chemin empierré sur l'anse du Verger jusqu'à un bouquet de pins.

➋ Emprunter à gauche une sente en bordure du marais, gravir à gauche un chemin en sous-bois. Se diriger à droite vers le camping. Poursuivre tout droit jusqu'à La Barre et gagner à gauche La Haize *(croix)*. Traverser la D 201 puis Le Verger par la rue de Hurlevent. Après la D 201, s'élever au-dessus de l'anse du Guesclin. Quitter le sentier équestre en descendant quelques mètres pour rejoindre le GR®.

➌ Gagner à droite la pointe du Nid puis la plage du Petit-Port. S'élever par un sentier sableux dans les pins maritimes et parvenir à la pointe des Daules *(à droite, ancien corps de garde)*. Atteindre l'anse du Verger.

▶ A droite, un sentier conduit à la chapelle du Verger.

➍ Poursuivre par le parking puis entre la dune et l'étang jusqu'à la pinède.

➋ Continuer à gauche en haut de dune. S'élever à droite puis gravir à gauche un chemin en balcon. Passer près d'un ancien corps de garde et parvenir à la pointe de la Moulière. Descendre à la plage de la Saussaye et la longer. Retrouver un sentier en balcon et poursuivre par landes et pelouses, en contournant par la route un petit ravin, jusqu'à la pointe du Grouin *(vaste panorama ; possibilité de faire le tour de la pointe)*.

➏ Gagner le parking, passer à gauche sous le sémaphore. Au niveau du blockhaus, descendre face à l'île des Landes. Par l'ancien chemin de ronde des Douaniers, atteindre Port-Mer. Suivre le front de mer puis grimper à la pointe du Chatry pour retrouver Port-Pican.

Situation Cancale, à 14 km à l'Est de Saint-Malo par la D 355

 Parking Port-Pican, à 4 km au Nord de Cancale par la D 201

 Balisage

➊ à **➌** bleu
➌ à **➊** blanc-rouge

 Difficulté particulière

■ bord de falaises à pic avant **➎** ■ circulation intense sur la D 201

Ne pas oublier

À voir

 En chemin

■ Le Verger : croix de la Haize (ou croix au Malin), maisons anciennes, croix avec niche ■ anse du Guesclin ■ anse du Verger : corps de garde des Daules 18e et chapelle du Verger (1869) ■ pointe du Grouin : panorama

Dans la région

■ Cancale : ancienne église Saint-Méen 18e (musée des Arts et Traditions populaires), ■ panorama de la pointe des Crolles ■ port de La Houle : cale de l'Epi (1838), falaise de La Houle, musée de l'Huître (ferme marine)

L'anse du Guesclin

S elon la tradition, le moine irlandais Saint-Colomban, futur fondateur de l'abbaye de Luxeuil en Haute-Saône, y aurait débarqué, comme le rappelle une croix érigée à l'extrémité ouest de l'anse.

Le cordon dunaire au-dessus de cette belle plage de sable fin de plus d'un kilomètre de long avait été dégradé par l'extraction de matériaux pour la construction de l'usine marémotrice et celle de la route D 201. Acquise par le Département et protégée par un enrochement, la dune est désormais reconstituée.

En face, l'îlot rocheux portait une forteresse qui fut construite en 1160 par un ascendant de du Guesclin. Après des fortunes diverses, elle fut abandonnée vers 1259 par la famille du

Anse Du Guesclin. *Photo C.B.*

Guesclin pour le château fort du Plessis-Bertrand à l'intérieur des terres. La forteresse fut finalement rasée en 1756 pour permettre l'édification d'un fort destiné à protéger la côte contre les incursions anglaises. Il en subsiste la base de trois tours et un puits très profond creusé dans le roc.

La pointe du Grouin

L a pointe est une avancée de 600 m battue par les vents. D'un ancien blockhaus, aménagé en lieu d'information, on peut observer à la longue vue l'île des Landes, lame abrupte à l'ouest mais en pente douce et recouverte d'une importante végétation à l'est. C'est une réserve ornithologique située à la frontière de deux milieux très différents. Des espèces farouches de haute mer y nichent en fin d'hiver : fou de Bassan, petrel fulmar, puffin, labbes, sternes pierregarin et caugek venues d'Afrique. Ils y sont rejoints par le grand cormoran (la plus importante colonie de Bretagne) et le goéland brun, migrateur reconnaissable à ses pattes jaune citron, et par des espèces sédentaires comme le cormoran huppé (250 couples), le goéland argenté et le grand goéland marin, prédateur redoutable en expansion.

L'île abrite aussi l'huîtrier-pie, limicole se reproduisant sur les îlots, les dunes et hauts de plage et un gros canard marin, le tadorne de Belon nichant dans les cavités cachées et les fourrés.

Tadornes de Belon. Photo Y.L.

L'anse du Verger

Pavot cornu (glaucière jaune). *Photo C.B.*

L'anse du Verger, enserrée entre les pointes des Daules et de la Moulière, est un ensemble de milieux d'une grande richesse écologique. De vastes landes encadrent un cordon dunaire. Très endommagé par une fréquentation touristique intense, il a été acquis par le Conservatoire de l'espace littoral et restauré. La dune, maintenue par l'oyat et le chiendent, présente aujourd'hui une flore diversifiée : liseron des dunes, pourpier de mer, bugrane rampant, glaucière jaune...

En arrière du cordon dunaire, se trouve le seul marais arrière-dunaire d'Ille-et-Vilaine, constitué par accumulation d'eau douce continentale derrière le cordon dunaire. Ses roselières et fourrés sont l'habitat d'une nombreuse faune : insectes, batraciens, oiseaux (rousserolle effarvate, phragmite des joncs, bouscarle de Cetti, bruant des roseaux). A vos jumelles et soyez discrets !

Près de terrains agricoles, se dresse la chapelle de Notre-Dame du Verger, plusieurs fois reconstruite. Le 15 août, les marins de Cancale s'y rendaient en procession par les chemins. A l'intérieur, d'émouvants ex-voto, peintures, maquettes de bateaux et vitraux évoquent cette piété populaire.

Au sommet de la pointe des Daules, un corps de garde en pierres sèches classé monument historique nous rappelle le temps où douaniers et gardecôtes arpentaient le chemin de ronde, à l'affût des contrebandiers. De tels bâtiments existaient aussi aux pointes de la Moulière et de la Chaîne ; à Rothéneuf, l'abside de la chapelle de Notre-Dame des Flots est constituée par une ancienne guérite. Le " sentier du douanier " est désormais protégé par la servitude de passage du littoral et entretenu. Le " kilomètre zéro " des chemins de ronde de Bretagne est matérialisé à la pointe des Crolles près du monument aux morts de Cancale.

Circuit de Port-Briac

3 h
9 Km

Après une flânerie par la ville-haute de Cancale et les vallons de l'arrière-pays cancalais, le chemin de ronde vous mènera de criques en pointes au pays des huîtres.

Situation Cancale, à 14 km à l'Est de Saint-Malo par la D 355

❶ Suivre le boulevard Thiers vers l'église, gagner à gauche la rue du Port menant à la place Bricourt. Emprunter en face la rue Gallais *(à droite, ancienne église)*. Continuer dans la rue de Port-Briac. S'engager à gauche dans une rue étroite, face au n° 34. La quitter pour un chemin de terre.

P **Parking** pointe des Crolles, au Sud de l'église (monument aux morts)

Nombril de Vénus
Dessin N.L.

Balisage

❶ à **❸** jaune
❸ à **❹** bleu
❹ à **❶** blanc-rouge

❷ Rejoindre à gauche une route à la sortie d'un lotissement. En haut de la côte, prendre à gauche, traverser la D 201, poursuivre dans le sentier. Pénétrer à droite dans La Baie, obliquer à droite pour descendre dans un vallon. S'élever à gauche vers La Pintelais et tourner à droite.

 Difficulté particulière

■ parcours assez sportif entre **❹** à **❶**

❸ Se diriger vers la droite pour rejoindre à gauche l'impasse de la Hisse. Obliquer à droite dans une sente. Passer à droite sous la D 201, traverser la route d'accès à Port-Pican. S'élever par le chemin des Banchets puis descendre une sente sur Port-Pican.

Ne pas oublier

❹ Gravir une zone boisée par le GR®, descendre sur la plage de Port-Briac et remonter des escaliers. Par un parcours en balcon, atteindre la pointe de la Chaîne *(face au rocher de Cancale et à l'île fortifiée des Rimains ; vue sur la pointe du Grouin, la baie de Cancale, le mont Saint-Michel, le massif de Saint-Broladre, le marais de Dol et le mont Dol)*.

À voir

 En chemin

■ Cancale : demeures 18e, ancienne église Saint-Méen 18e (musée des Arts et Traditions populaires)
■ pointe de la Chaîne : panorama ■ croix du Hock

❺ Poursuivre en négligeant les sentes vers le rivage. Parvenir à la pointe du Hock *(croix de granit)* puis à la pointe des Crolles. Descendre à gauche sur le marché aux huîtres du môle de la Fenêtre. Gagner la rue du Port.

▶ Possibilité de continuer par le GR® et de revenir par la promenade fléchée de La Houle.

Gravir à droite les escaliers.

 **Dans la région**

■ port de La Houle : cale de l'Epi (1838), falaise de La Houle, musée de l'Huître (ferme marine) ■ pointe du Grouin ■ anse du Verger ■ anse du Guesclin

La capitale de l'huître

Huître élevée en pleine mer assez fraîche (de 5 à 19°C en moyenne), l'huître de Cancale, particulièrement saine, est un régal avec sa saveur iodée et salée et son petit arrière-goût de noisette. A l'origine, on draguait l'huître plate sauvage

Parcs à huîtres. *Photo C.B.*

(ostrea edulis) dans les bancs situés sur les pentes douces de la baie entre le zéro marin (niveau de la basse mer de vive eau) et -15 m. En vieillissant, elle devient le fameux " pied de cheval " pouvant peser jusqu'à un kilo.

Fort prisée des rois de France, elle fut surexploitée, ce qui amena à restreindre sa pêche. D'abord limité aux " mois en R ", le dragage ne fut ensuite autorisé qu'à certaines heures et jours fixés par règlement. C'est ainsi que l'on pouvait voir encore au début du 20e siècle le spectacle de la " Caravane ", ensemble de plusieurs centaines de bisquines quittant le port de La Houle, véritable océan de voiles.

Au 19e siècle, l'ostréiculture démarra avec le premier captage réussi de larves d'huîtres. L'huître plate faillit toutefois disparaître entièrement après une épidémie de 1920 à 1930. Actuellement, Cancale

en produit environ 1000 tonnes draguées dans des concessions en eau profonde jamais découvertes où a été semé le naissain, capté auparavant sur tuiles chaulées dans le golfe du Morbihan. L'huître peut être commercialisée au bout de trois à quatre ans.

L'huître creuse japonaise *(crassostrea gigas)* a remplacé l'huître portugaise, disparue après une maladie. Elle est élevée dans les 380 ha de parcs découvrants situés sous Cancale entre les niveaux de basse mer de morte eau et de vive eau. Les ostréiculteurs y produisent environ 5000 tonnes de creuses à partir de naissain récolté au sud de la Loire puis semé sur le sol ou placé dans des poches fixées sur des tables surélevées de 30 à 40 cm. Ce dernier procédé permet d'éviter les nombreux prédateurs et l'envasement des huîtres.

Il faudra plusieurs années d'un travail pénible mais aussi méticuleux, renouvelé sans cesse par tous les temps, pour que l'huître, véritable concentré d'éléments nutritifs, arrive dans notre assiette.

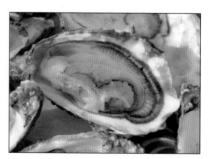

Photo C.B.

Descente sur La Houle. *Photo C.B.*

La flore de Cancale

3 h 45
15 Km

Situation Cancale, à 14 km à l'Ouest de Saint-Malo par la D 355

 Parking pointe des Crolles, au Sud de l'église (monument aux morts)

Flore et cultures de la campagne cancalaise, essences méridionales des criques et versants abrités de la côte, pelouse et lande de la pointe de la Chaîne : un cocktail de senteurs et de couleurs !

❶ Descendre à gauche de la dernière villa. Traverser la rue du Port, poursuivre quai Gambetta.

❷ Emprunter le passage Tourville puis l'escalier gravissant la falaise. Parcourir à gauche le chemin de la corniche de La Houle en laissant une première descente. A une barrière, par une sente sinueuse, gagner le vallon des Jeux et en descendre le talweg *(à droite, parcours sportif et retour de la promenade de La Houle).* En bas, tourner à droite.

❸ S'élever le long de la route en corniche sous la falaise abrupte jusqu'au parking de la ferme marine.

❹ Gravir le sentier fléché vers Terrelabouët, passer sous la D 76, remonter la route sur 20 m et prendre à gauche la rue des Guérets puis à droite la rue de l'Epinette. Poursuivre tout droit par La Souchetière puis, par un chemin gravillonné à droite de La Grand'Cour, gagner La Bretonnière. A la D 35, emprunter la route des Douets-Fleuris, obliquer à gauche au-dessus de cet ancien manoir *(tourelle)* et atteindre en serpentant l'entrée de La Ville-Gueurie.

❺ Emprunter en face de La Ville-Aumont *(ancien manoir)* un chemin herbeux. Zigzaguer entre les champs jusqu'à La Coignais. Gagner à gauche la D 201, se diriger vers La Gaudichais pour pénétrer à gauche dans un lotissement. Au bout de la rue, suivre le chemin de terre et le quitter dans un virage.

❻ Descendre à droite une sente rocheuse ombragée, tourner à droite et atteindre une pinède près de l'étang du Verger où passe le GR® 34. S'élever à droite par un chemin sinueux, traverser La Gaudichais puis la D 201. Après la route, descendre en direction de Basse-Cancale, emprunter le chemin de Clairette rejoignant à gauche l'impasse de la Hisse. Passer à droite sous la D 201, traverser l'accès à Port-Pican. Monter par le chemin des Banchets puis descendre une sente sur Port-Pican.

❼ Emprunter le sentier côtier jusqu'à la pointe des Crolles et Cancale *(voir PR 20).*

 Balisage

❶ à ❸ fléchage
❸ à ❹ blanc-rouge
❹ à ❻ jaune
❻ à ❼ bleu
❼ à ❶ blanc-rouge

⚠ **Difficulté particulière**

■ circulation intense sur la D 201 ■ parcours assez sportif entre ❼ et ❶

Ne pas oublier

 À voir

 En chemin

■ corniche de La Houle ■ ferme marine (musée de l'Huître) ■ anse du Verger ■ chemin de ronde du Douanier

Dans la région

■ Cancale : demeures 18e, ancienne église Saint-Méen 18e (musée des Arts et Traditions populaires) ■ pointe du Grouin ■ anse Du Guesclin

Le port de La Houle

Jusqu'au percement de la rue du Port en 1833, La Houle, village de pêcheurs adossé à la falaise, était relié au bourg par un chemin creux encaissé entre deux collines, le Vau-Baudet. Pendant plusieurs siècles, ce fut un port important d'armement pour Terre-Neuve. Les armateurs habitaient la Ville Haute où s'admirent leurs demeures du 18e siècle.

D'autres marins pêchaient en baie ou draguaient les huîtres. La bisquine, ce bateau rapide dont la voilure surdimensionnée pouvait atteindre 350 m2, apparut vers 1810. Des régates spectaculaires virent s'affronter celles de Cancale et de Granville. Une bisquine a été reconstituée en 1987 grâce à la ténacité d'une association. Vous pourrez embarquer sur " La Cancalaise " pour la journée ou la demi-journée.

La Baie, nurserie de poissons, est d'une grande richesse halieutique. Les chalutiers y récoltent au printemps la " margatte " (seiche) puis les roussettes, raies, soles, plies, bars, grondins, merlans, crevettes...Vous vous régalerez aussi de bars de ligne, de prairies draguées sur les fonds et de crustacés.

Départ de la caravane. *Collection CDRP 35*

Le Clos-Poulet

Le Clos Poulet, c'est le clos du " Plou " d'Alet, successeur du Pays d'Alet, le Pagus Aletis des Gallo-Romains. Quasiment une île entre Rance et marais de Dol, reliée au reste du pays par une sorte d'isthme au niveau de Châteauneuf-d'Ille-et-Vilaine. D'ailleurs, en des temps reculés, la Rance rejoignait la mer dans l'actuel marais de Dol au pied de cette butte.

Le Clos-Poulet au limon fertile fut très tôt une riche contrée agricole grâce aux amendements marins, sable coquillier et tangue extraits de la Baie. Son climat très doux en fait un pays de primeurs, avec plusieurs cultures successives sur de très petites parcelles. Aux pommes de terre arrachées en juin, succèdent choux-fleurs d'automne et d'hiver ; sont aussi cultivés artichauts, choux verts et rouges, poireaux, carottes... Saint-Méloir-des-Ondes est le marché au cadran de cette agriculture primeuriste.

C'est aussi un pays de cultures fruitières (fraises, framboises et kiwis grimpant sous des tunnels élevés) et florales.

Artichaut. *Photo C.B.*

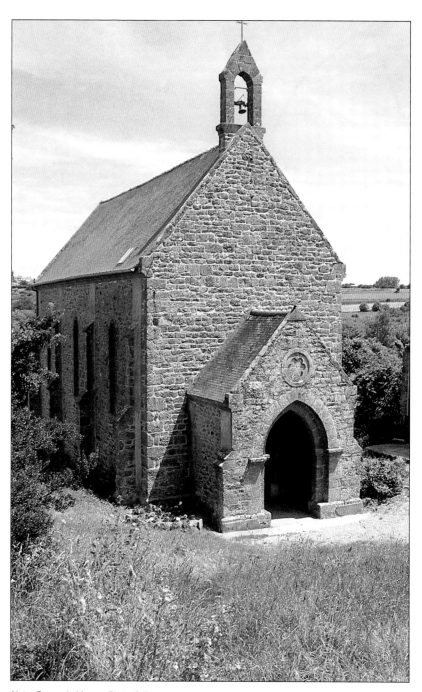

Notre-Dame-du-Verger. *Photo C.B.*

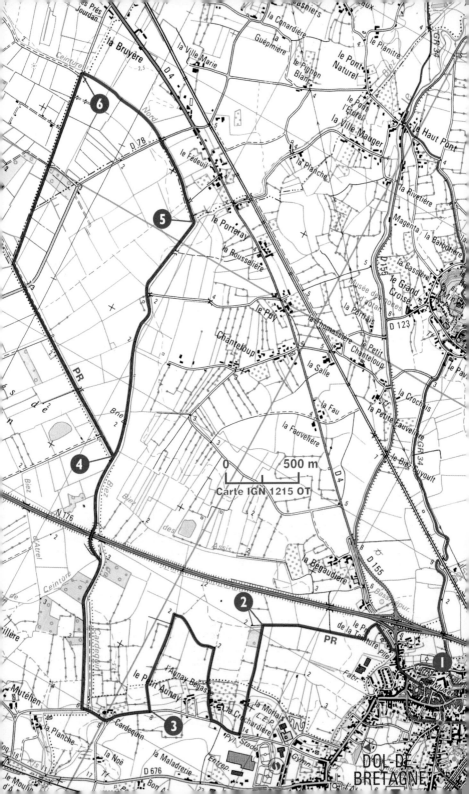

Le marais Noir

Sarcelle d'hiver
Dessin P.R.

Une randonnée par roselières et peupliers, prairies et petites parcelles cultivées, offrant des vues inédites sur Dol et le mont Dol. A parcourir impérativement par temps très clair !

❶ Emprunter la route de Saint-Malo *(à gauche, ancienne auberge des Trois-Rois et ancien manoir des Ylouses dans le quartier de La Lavanderie)*. Franchir le Guyoult sur une passerelle. Avant la N 176, se diriger à gauche sur 900 m *(vue sur la cathédrale de Dol et sur L'Abbaye-sous-Dol)*.

❷ Tourner à gauche, s'élever vers Morlais et suivre la route à droite *(panorama sur Dol)*. Effectuer à droite par Launay-Bégasse un crochet dans le marais *(à la descente, remarquer les affleurements rocheux de la falaise de l'ancien littoral)*.

❸ Prendre la route à droite, obliquer à droite à Cardequin. Emprunter à droite le chemin à gauche du Biez de Cardequin. Franchir la N 176 *(du pont, vue sur Dol, Roz-Landrieux et le mont Dol ; à l'horizon, se détache l'église de Cancale)*. Parvenir à un vannage sur le Biez du Milieu.

❹ Poursuivre tout droit entre prairies et cultures.

De cette zone découverte, on peut imaginer l'ancienne baie s'étendant des hauteurs de Cancale et de Saint-Méloir au massif granitique de Saint-Broladre, avec au fond les basses collines schisteuses de Roz-Landrieux et Dol, l'îlot granitique du mont Dol émergeant des eaux. Remarquer aussi le redressement du sol vers le littoral, le marais blanc étant plus élevé de quelques mètres.

Laisser à droite une route puis un chemin vers le mont Dol.

❺ Obliquer à gauche le long du Biez de Ceinture Nord *(le sol n'est plus la tourbe noire mais une terre grisâtre annonçant la tangue grise du marais blanc)*. Couper la D 78, longer un champ après un chemin herbeux.

❻ Se diriger droit vers le Sud puis suivre à gauche le large chemin.

❹ Utiliser l'itinéraire emprunté à l'aller pour retrouver Dol.

4h30
18 Km

Situation Dol-de-Bretagne, à 25 km au Sud-Est de Saint-Malo par les N 137 et N 176

Parking place de la Cathédrale

Balisage flèches rouges

Ne pas oublier

À voir

En chemin

■ Dol-de-Bretagne : cathédrale Saint-Samson 13e
■ panoramas

Dans la région

■ Dol-de-Bretagne : promenade des Douves, maisons anciennes, musée historique, cathédraloscope ■ Mont-Dol : panorama sur le mont, musée du Mariage, église 12e ■ menhir du Champ-Dolent ■ Baguer-Morvan : musée de la Paysannerie

Le marais de Dol

Au Paléolithique Moyen, il y a environ 110 000 ans, l'homme chassait le mammouth, le rhinocéros laineux, le bison et autre gibier au Mont-Dol dans un environnement de steppe. Pour ses outils, il ramassait les silex au loin dans la Baie, à la limite du vieux socle précambrien.

Au début de l'holocène, il y a 10 000 ans, la transgression marine s'effectua très rapidement pendant 3 000 ans puis se ralentit. La mer finit par atteindre le pied du massif de Saint-Broladre et des falaises de Château-Richeux à Dol. Au cours de périodes de ralentissement de l'invasion marine, des cordons dunaires se formèrent. En arrière, un marais isolé des marées se couvrit de végétation abondante, submergée par de nouvelles transgressions, aboutissant à la formation de tourbe. Ce marais " noir " tourbeux fut définitivement abandonné par la mer il y a 3 000 ans. Il ne fut exploité que tardivement car, pour le drainer, il a fallu creuser un réseau de profonds canaux qui traversent le marais " blanc ", de trois mètres plus haut, et débouchent dans la mer.

Milieu hostile et malsain, le marais faisait peur.

N'entendait-on pas gémir les âmes du Purgatoire du fond de la mare Saint-Coulban ? Un gigantesque raz-de-marée n'avait-il pas englouti en 709 la légendaire forêt de Scissy ? Les arbres fossilisés du marais qui durcissent à l'air après extraction, les " couërons " de chêne des charpentes, auraient été en fait submergés bien avant.

Au milieu de cette immensité, se dresse l'étrange Mont-Dol, un des trois cailloux de granit (avec Tombelaine et le Mont-Saint-Michel) que Gargantua retira de sa chaussure en traversant la Baie. Lieu de culte gaulois puis gallo-romain (culte de Cybèle), cette butte païenne devait être christianisée par le combat de l'archange Saint-Michel contre Satan. On peut y voir l'empreinte de la griffe du Diable et celle du pied de l'Archange s'élançant vers le Mont-Saint-Michel...

Le marais noir est constitué de prairies inondables en hiver et de roselières, paradis des canards, mais ce milieu est de plus en plus modifié par les peupleraies, l'assèchement et la culture du maïs.

Le marais Noir. *Photo C.B.*

Dol-de-Bretagne

Cathédrale de Dol. *Photo E.S. / CRT*

L'abbé évêque gallois Samson - un des saints fondateurs de la Bretagne - établit le monastère de Dol vers 530 dans une contrée alors désertée. Lieu de pèlerinage, l'évêché verra la consécration du chef breton Nominoë. Pendant 350 ans, rois et ducs bretons voudront assurer l'indépendance de l'église bretonne vis-à-vis de l'église franque en voulant faire de Dol la métropole religieuse de la Bretagne, jusqu'à ce qu'une bulle d'Innocent III rattache officiellement l'église bretonne à l'archevêché de Tours.

Située à la marge du duché, la cité fortifiée eut à subir raids scandinaves, sièges et pillages, de Guillaume le Conquérant à Jean-sans-Terre, qui incendia la cathédrale romane en 1203. Mais des Dolois participèrent aussi à la conquête de l'Angleterre par Guillaume qui fut secondé par de nombreux barons bretons. Un de ceux-ci, Alan Fitzflaad de Dol, sera d'ailleurs l'ancêtre des Stuart, futurs rois d'Ecosse...

La cité et le marais sont dominés par la silhouette austère et massive de la cathédrale reconstruite au 13e siècle, vaisseau de 100 m de long à l'allure de forteresse, mais aérienne à l'intérieur avec sa haute nef de style gothique normand et la magnifique verrière du choeur.

La rue Ceinte où logeaient les chanoines mène de la cathédrale à la Grande Rue des Stuart, prolongée par la rue Lejamptel. Le promeneur se trouve plongé dans un ensemble harmonieux de maisons à porche et à colombages des 15e et 16e siècles. Parmi elles, deux maisons romanes du 12e, la maison des " Petits Palets " et la Grisardière et des demeures des 17e et 18e. Au numéro 12 de la rue Lejamptel, une plaque nous rappelle que Victor Hugo et Juliette Drouet s'arrêtèrent en 1836 à l'hôtel " Grand Maison ". En 1848, cette demeure accueillit aussi la dépouille mortelle de Chateaubriand en route vers le Grand-Bé.

Au nord, la promenade des douves située sous les remparts du 14e siècle, belvédère sur le marais et le Mont-Dol, ramène à l'abside de la cathédrale et au cathédraloscope où vous apprendrez tout sur la finalité des cathédrales gothiques et leur construction.

Le menhir du Champ-Dolent

S elon la tradition, Saint-Samson aurait fondé son monastère près de la fontaine de Carfantin (de *Ker feunteun*, village de la fontaine), lieu fortifié au 7e siècle et ancienne paroisse. A 1 km à l'Est du village, se dresse le menhir du Champ-Dolent, un des plus hauts menhirs de Bretagne (9,5 m). En granit, planté en sol schisteux, il doit provenir d'un massif situé à plus de 4 km au sud, bel exemple de l'ingéniosité des hommes du néolithique final pour le transport des lourdes charges !
Une légende veut qu'il s'enfonce d'un pouce par siècle ou bien de façon imperceptible à chaque décès.

Menhir du Champ-Dolent. *Photo C.B.*

Sa disparition annoncera la fin du monde et le jugement dernier... Selon une autre légende, il aurait surgi entre deux armées ou entre deux frères qui se battaient.

Dol et le Guyoult

Vanneau huppé
Dessin P.R.

Une balade au Moyen Age puis au fil d'un ruisseau nonchalant. A parcourir à l'automne dans l'or des peupliers avant de visiter l'ancienne métropole religieuse de la Bretagne.

3 h
10 Km

Situation Dol-de-Bretagne, à 25 km au Sud-Est de Saint-Malo par les N 137 et N 176

Parking place de la Cathédrale

❶ Longer la cathédrale par le Nord *(panorama sur le marais et le mont Dol)*. Emprunter la promenade des Douves le long des anciens remparts *(tours des Carmes et de la Motte)*. Franchir la voie ferrée.

❷ Quitter le GR® et prendre aussitôt à droite la rue de Verdun, longer la D 155, franchir le passage à niveau. Contourner le terrain de sports par les rues du Dr-Gringoire, du Colombier et de Belle-Etoile. Suivre une petite route jusqu'à Belle-Etoile.

❸ Descendre dans le vallon du Guyoult. Après la passerelle, longer le ruisseau serpentant dans le marais jusqu'au Petit-Gué *(sur la façade arrière, tourelle et toiture avec épi de faîtage ; Petit-Airgué était un ancien moulin détruit au 19e et reconstruit plus bas)*. Suivre la route jusqu'au moulin de la Lande. Descendre vers le Guyoult et remonter au Clos-Lupin. Tourner à gauche vers la D 795 *(ancien manoir du Clos-Lupin)* et la prendre à gauche sur 300 m.

❹ Après le pont, longer le Guyoult jusqu'à Carfantin.

❺ Effectuer à gauche une boucle dans le village par la rue de la Fontaine-Saint-Samson *(maisons anciennes)* et le nouveau quartier. Revenir à l'église.

❺ Poursuivre sous la voie ferrée et longer les prairies humides du Natais *(vue sur L'Abbaye-sous-Dol qui devint grand séminaire en 1697)*.

❻ Après La Ville-Nicault, tourner à gauche *(ancien manoir du Legeart avec colombier)*. Enjamber le Guyoult, traverser le camping puis à gauche la N 176 au pont sur le ruisseau des Tendières. Longer ce ruisseau, le franchir ainsi que le Guyoult *(dans l'ancien quartier des Tanneries)*. Effectuer un crochet par la rue des Ylouses, parvenir route de Saint-Malo *(manoir des Ylouses avec tourelle et épi de faîtage et ancienne auberge des Trois-Rois)* et retrouver la cathédrale.

Balisage
❶ à ❷ blanc-rouge
❷ à ❶ jaune (deux demi-cercles)

À voir

En chemin

■ cathédrale Saint-Samson 13e ■ promenade des Douves ■ anciens manoirs ■ Carfantin

Dans la région

■ Dol-de-Bretagne : maisons anciennes, musée historique, cathédraloscope ■ Mont-Dol : panorama sur le mont, musée du Mariage, église 12e ■ menhir du Champ-Dolent ■ Baguer-Morvan : musée de la Paysannerie

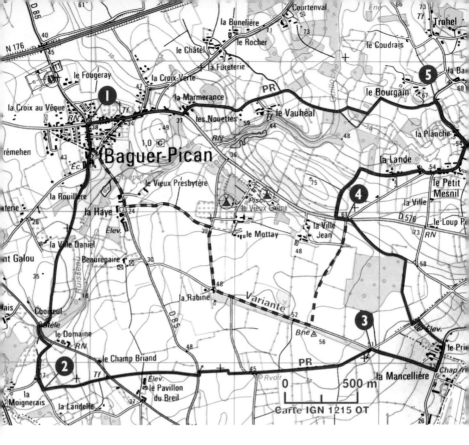

La bataille de Dol

L e monument érigé par l'association Duine - deux blocs de granit bleu et blanc se rapprochant dans un esprit de fraternité - commémore les quinze mille victimes tombées les 21 et 22 novembre 1793 à Dol puis à Trans. L'armée vendéenne de la " Virée de Galerne " emmenée par La Rochejaquelein, de retour de son expédition ratée sur Granville, contint victorieusement, dans trois combats désespérés et sanglants, les " Bleus " de Westermann, Marceau et Kléber.

Trois premières victimes avaient été fusillées le 19 au lieu-dit La Jannaie au sud de La Marmerance par les Républicains.

Une plaque commémorative sur un mur de la chapelle Saint-Gilles rappelle aussi la conjuration du marquis de La Rouërie en 1792, allié au propriétaire d'alors, le comte de Noyan.

Monument à Choiseul. *Photo C.B.*

Autour de Baguer-Pican

Vous cheminerez sur une voie romaine dominant la région puis à travers un paysage bocager typiquement breton.

Situation Baguer-Pican, à 4 km à l'Est de Dol-de-Bretagne par la D 576

 Parking mairie (kiosque d'information)

Balisage jaune

Fusain
Dessin N.L.

❶ Suivre plein Sud la D 85 *(route d'Epiniac)* vers l'église puis la petite route de La Rouillère. Continuer par un chemin jusqu'à Choiseul sur le ruisseau du Guilloche *(à droite, monument commémoratif de la Bataille de Dol)*. Emprunter à gauche une sente en contrebas de la D 155. Prendre à droite la route vers La Landelle sur 300 m.

❷ S'engager à gauche dans un chemin après une peupleraie *(ce chemin de crête au-dessus de la vallée du Guyoult, bordé de chênes puis de peupliers, est l'ancienne voie romaine Corseul-Avranches)*. Traverser la D 155 *(peu après, panorama sur Dol et le mont Dol)*. Franchir la D 85 près d'une croix, longer un réservoir et parvenir à la croix de la Mancelière *(ornée des armes des seigneurs de la Mancelière de l'Escu)*.

❸ Descendre la route vers La Mancelière *(chapelle Saint-Gilles, fermes et dépendances de l'ancien manoir)*. Au Prieuré, tourner à gauche après la ferme, traverser la route et prendre quelques mètres à gauche un chemin creux. Continuer à gauche en lisière de bois. Suivre à gauche la *D 576*.

▶ Variante : à 20 m à gauche, retour possible par La Ville-Jean et la rabine de La Mancelière *(voir tracé en tirets sur la carte)*.

❹ Poursuivre sur 50 m, emprunter à droite un chemin de terre *(panorama sur Dol et sa cathédrale)*. Après La Lande, continuer à gauche vers Le Petit-Mesnil et La Mare-Pinard *(maisons anciennes)*. Obliquer à gauche vers La Planche jusqu'à la maison de La Petite-Barre.

❺ S'engager à gauche dans le chemin de Boutras à travers un paysage de lande et de bocage granitique. Au Vauhéal, poursuivre par la route *(à gauche, accès à un beau vallon boisé)* et gagner la D 576 à La Marmerance. Rejoindre le bourg.

À voir

En chemin

■ Baguer-Pican : église (clocher de 1789)
■ monument de la Bataille de Dol ■ croix de la Mancelière
■ chapelle Saint-Gilles (érigée en 1587 par Gilles de l'Escu)

Dans la région

■ Dol-de-Bretagne : cathédrale Saint-Samson 13e, promenade des Douves, maisons anciennes, musée historique, cathédraloscope
■ menhir du Champ-Dolent
■ Mont-Dol : panorama sur le mont, musée du Mariage, église 12e ■ Baguer-Morvan : musée de la Paysannerie

Grèves et marais à Cherrueix

Cette balade vous conduira au pays du vent et des grands espaces.

❶ Contourner l'église pour suivre vers le Sud l'avenue du Château *(D 82)*. Traverser la D 797 et continuer en face sur 250 m *(à droite, manoir de l'Aumosne, actuellement gîte d'étape)*.

❷ Après le camping, tourner à droite pour longer sur sa gauche le canal de drainage dénommé essai du Bois-Robin. Suivre ce fossé sur environ 3 km en changeant de rive à chaque traversée de route *(trois fois)*.

Ce sentier serpente dans le paysage du marais blanc fait de petites parcelles de sol très riche (tangue calcaire), cultivées en céréales et plantes fourragères, encloses entre les fossés et les biefs.

Après un parcours sinueux, atteindre une dernière route et la suivre à droite jusqu'à La Larronière. Traverser la D 797 et s'élever sur la digue de la Duchesse-Anne *(construite du 11e au 16e siècle, elle protège le rivage de Château-Richeux à la chapelle Sainte-Anne à Saint-Broladre puis oblique vers La Saline)*.

❸ Se diriger vers l'Est, face au mont Saint-Michel, sur la digue puis par un cheminement dans les herbus.

Remarquer la voie d'accès vers les bouchots pour les bateaux amphibies du Vivier-sur-Mer ; en avant des bouchots, nombreuses pêcheries abandonnées pour la plupart.

Remonter sur la digue avant trois anciens moulins à vent *(il y avait autrefois une centaine de ces moulins construits dès le 12e siècle entre Cancale et le mont Saint-Michel)*. Suivre la digue jusqu'à La Saline puis la plage de Cherrueix *(sur cette grève, nombreux chars à voile ; Cherrueix est un haut-lieu de cette activité en France)*.

❹ Emprunter à droite la rue de la Cale vers l'église.

Orpin-brûlant
Dessin N.L.

À voir

En chemin

■ Cherrueix : église 16e (origine romane) ■ manoir de l'Aumosne 17e ■ moulins à vent 18e

Dans la région

■ Le Vivier-sur-Mer : maison de la Baie (exposition sur la mytiliculture et découverte de la baie) ■ Dol-de-Bretagne : cathédrale Saint-Samson 13e, promenade des Douves, maisons anciennes, musée historique, cathédraloscope ■ mont Dol : panorama, musée du Mariage, église 12e ■ Saint-Broladre : chapelle Sainte-Anne 17e, vallée du Riscop

Le marais blanc

S ur les cordons coquilliers constitués par l'accumulation de coquilles et de débris calcaires abandonnés par l'océan, des villages de pêcheurs s'implantèrent au Moyen Age mais ils étaient régulièrement en péril. La première construction de levées fut entreprise par un duc de Bretagne en 1024. L'édification de cette digue entre Château-Richeux et la chapelle Sainte-Anne, la digue de la Duchesse Anne, ne sera achevée qu'au 16e siècle, permettant au fur et à mesure la naissance de nouvelles paroisses : Saint-Benoit, Vildé-la-Marine, Le Vivier.

Les terres fertiles du marais blanc constituées de tangue, sable vaseux riche en calcaire seront asséchées peu à peu par le creusement d'un quadrillage de " biezs ", fossés de drainage enserrant les parcelles. La tangue se tassant moins que la tourbe, le marais " blanc " est plus haut que le marais " noir ". C'est un pays d'agriculture traditionnelle : céréales, plantes fourragères. Les cultures légumières y sont en régression.

Au pays du vent

D u panorama du Tertre à la Caille (sur la route du port de Cancale) à la chapelle Sainte-Anne en Saint-Broladre, on est frappé par le nombre d'anciens moulins à vent alignés le long du littoral. Il en reste treize sur la centaine qui tournaient entre Cancale et le Mont. Leur origine remonte au 12e siècle. Ils ne manquaient pas de " grain à moudre " avec les riches terres céréalières du marais blanc puis ils sont devenus des résidences secondaires. Un des trois moulins du 18e siècle, à Cherrueix fonctionnait encore en

1943. Celui qui appartient à la commune a été rénové à l'extérieur et a retrouvé ses ailes et sa queue, dispositif d'orientation de celles-ci, grâce aux bons soins d'un amoulangeur, artisan spécialiste des moulins. Il devrait bientôt être pourvu d'un mécanisme à l'intérieur.

Cherrueix est toujours placé sous le signe du vent : c'est un site de renommée internationale pour le char à voile. Un ballet de voiles multicolores y glisse sur la grève, le Mont en toile de fond.

Moulin à Cherrueix.
Photo C.B.

Pêcheries et bouchots

Une ligne sombre se distingue à environ 2 km du rivage : ce sont les pêcheries, structures en forme d'un grand V évasé convergeant vers le large. Les deux pannes constituées d'un entrelacs de lattes de bouleau entre des pieux de chêne sont terminées par un goulot. Le poisson y est piégé à marée descendante dans une grande nasse. Ces pêcheries d'origine très ancienne (10e siècle) sont demeurées des propriétés privées. Parmi les espèces recueillies, on trouve bars, soles, plies, mulets, seiches, crevettes. La faible quantité recueillie sur deux marées (7 kg) explique l'abandon progressif de celles-ci.

D'autres systèmes fixes existent dans la Baie : de grands filets verticaux en nappes tendues perpendiculairement au courant de marée, les trémailles et des batteries de tésures, filets en troncs de cône fixés sur des pieux (pour les crevettes et les soles). Au-delà des pêcheries, 271 km de bouchots produisent 10 000 tonnes de moules par an, soit le quart de la production française. Les bouchots, alignements de 100 m de 110 pieux en chêne de cinq à six mètres de haut, sont situés dans des concessions découvertes seulement quelques heures en vive eau moyenne.

Cette activité fut lancée en 1954 en faisant appel aux Charentais. Les cordes sur lesquelles le naissain est recueilli en mars - avril sur la côte atlantique sont ramenées deux mois plus tard et étalées près des bouchots les plus proches de la côte. Au bout d'un mois, elles sont enroulées sur les pieux. Les moules y croissent jusqu'à leur récolte à partir de l'été suivant. En hiver, des filets placés autour des pieux empêchent les grappes de moules de se détacher.

Beaucoup de prédateurs les guettent : bars, oiseaux (huîtriers-pies, laridés), crabes verts. Contre ces derniers, on entoure le bas du pieu de lanières en plastique formant une jupette, la " tahitienne ".

Le travail s'est mécanisé pour la récolte avec une pêcheuse mécanique et pour le remplacement des pieux (tous les cinq ans). Il s'effectue à bord de bateaux amphibies basés au port du Vivier où une lagune alimente des bassins pour la purification des moules.

Mytiliculture. *Photo C.B.*

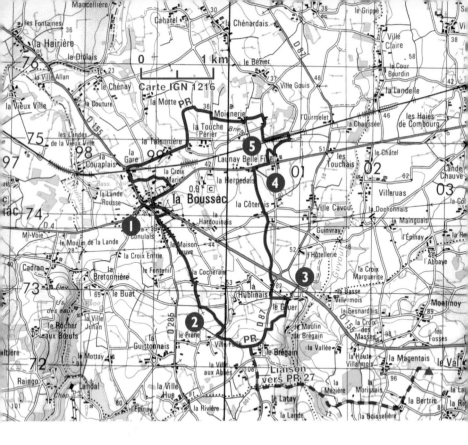

La Boussac

La Boussac a conservé un réseau de magnifiques chemins creux bordés de châtaigniers qui se dirigent vers la crête du plateau granitique où se trouve l'ancien prieuré de Brégain. C'est également le cas de Trans et de Vieux-Viel.

Selon P. Banéat, le nom de " Croix Bouessée " ou " Bouexée " rappelle que, lors de la christianisation du pays, des croix furent plantées à l'emplacement de sanctuaires

païens. A destination souvent funéraire, ils étaient entourés de buis qui furent conservés. Lorsque de nouvelles croix furent dressées, cette pratique fut poursuivie. La belle croix sculptée du 16éme siècle du cimetière de Saint-Broladre est également appelée " Croix Bouessée ".

La croix Bouessée. *Photo C.B.*

Le prieuré de Brégain

De magnifiques chemin creux ombragés de châtaigniers vous mèneront, en serpentant dans le bocage, à une crête au vaste panorama.

❶ Gagner au Sud La Croix-Bouëssée par la route de Trans puis à droite un chemin asphalté. Obliquer à gauche, poursuivre dans un chemin creux. A La Cocherais *(vieilles maisons rurales),* prendre en face la petite route, tourner à gauche à la croix de granit puis s'engager à droite dans un chemin creux. Suivre la route à droite vers Les Hauts-Parfonds.

Herbe à Robert
Dessin N.L.

❷ Tourner à gauche entre le hangar et le corps de ferme. Après un chemin creux, s'élever jusqu'à la crête et la D 87 *(panorama sur Dol, le mont Dol et la baie de Cancale au Nord-Ouest, Pontorson et la baie d'Avranches au Nord-Est ; le clocher du mont Saint-Michel se distingue à gauche de celui de Sains).* Après l'ancien prieuré de Brégain *(13e, maison priorale et chapelle avec tour élevée),* descendre la D 87 sur 200 m puis un chemin creux vers Gruer.

❸ A la route, s'engager à gauche sur le chemin devant une maison, prendre à droite la D 87. Obliquer à gauche au transformateur, traverser la D 155 et poursuivre tout droit jusqu'à La Coterais. Emprunter la route quelques mètres à gauche puis le chemin à droite vers Launay-Belle-Fille.

❹ Suivre à droite la D 4 sur 200 m, s'engager à gauche dans un étroit chemin. Gagner à droite une petite route pour franchir un passage à niveau puis longer la voie ferrée. A la route, tourner à droite puis à gauche vers La Moignerie *(maisons anciennes).*

❺ Traverser à droite le hameau, poursuivre par le chemin. Prendre la route à droite puis à gauche un chemin d'exploitation menant à La Touche-Périer. Tourner à droite, parvenir à la D 155 près de la gare, effectuer un crochet à gauche par La Ruée *(maison du Vieux-Presbytère avec tourelles)* et retrouver le parking.

Situation La Boussac, à 7 km au Sud-Est de Dol-de-Bretagne par la D 155

 Parking église

 Balisage jaune

 Difficulté particulière

■ confusion possible avec d'autres circuits balisés en jaune

Ne pas oublier

À voir

 En chemin

■ La Croix-Bouessée
■ Le Brégain : panorama et ancien prieuré ■ Le Vieux-Presbytère : maison avec tourelles

 Dans la région

■ Dol-de-Bretagne : cathédrale Saint-Samson 13e, promenade des Douves, maisons anciennes, musée historique, "cathédraloscope" ■ menhir du Champ-Dolent ■ Broualan : église 15e-16e en granit, château de Landal 15e reconstruit fin 19e (spectacle de vol de rapaces) ■ parc départemental de La Higourdais

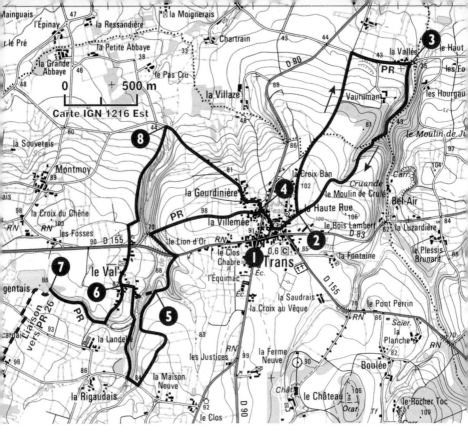

Les Vikings en Bretagne

Pendant trois-quarts de siècle, les Danois envahissent la Bretagne, remontant les fleuves. Dès 853, ils s'installent à demeure dans la basse Loire. En 911, le traité de Saint-Clair-sur-Epte concède à Rollon la Normandie. A partir de 913, ils contrôlent peu à peu en permanence la Bretagne qui devient une seconde principauté scandinave. Les moines fuient, emportant avec eux les reliques.

Eglise de Trans. *Photo C.B.*

Grâce à l'entente des grands seigneurs francs - et du duc de Normandie - , les Vikings de la Loire seront finalement défaits. Le petit-fils du dernier roi breton revenu d'Angleterre, Alain Barbetorte, battra en 939 les bandes du nord (retranchées au vieux M'na près de l'étang de Rufien) au sud de Trans, avec l'aide du comte de Rennes Béranger et de celui du Maine.

Les vallons de Trans

3h • 10 Km

Cette balade offre des vues panoramiques sur le Mont et sa baie mais aussi la fraîcheur de beaux vallons boisés tapissés au printemps d'une flore abondante.

❶ Prendre la rue à droite de l'église.

❷ Tourner à gauche vers La Croix-Ban et descendre le chemin *(panorama sur le Mont, Sains et Pleine-Fougères).* Suivre la route vers La Vallée.

Stellaire holostée
Dessin N.L.

❸ S'engager dans le vallon *(ruisseau provenant des étangs de la forêt de Villecartier).* Après la carrière, continuer dans le bois de Vauruman et gravir un vallon jusqu'à un chemin s'élevant vers Trans.

❶ Par la rue à gauche de l'église, traverser la D 90.

❹ Se diriger vers Villemée et obliquer aussitôt à droite dans un chemin de crête *(panorama sur le mont Dol et la vallée du Guyoult, le mont Saint-Michel).* Descendre un étroit chemin. Par la petite route, parvenir à gauche à la D 155 et s'enfoncer en face dans le vallon de la Chênelais. Franchir un ruisseau et arriver à une bifurcation.

▶ En période humide, descendre franchir le ruisseau et s'élever à gauche vers Le Val.

❺ Poursuivre au-dessus du vallon *(présence de lathrée pourpre, plante parasite des racines de certains arbres et arbustes).* Obliquer à gauche dans un chemin creux et rejoindre une petite route. A 100 m à droite, au pont aux Moines, longer la rive gauche du vallon jusqu'au confluent des ruisseaux. S'élever à gauche vers Le Val et tourner à gauche.

❻ Se diriger à gauche vers le bout du Val. Obliquer à droite dans une sente. Franchir deux ruisseaux et remonter le vallon jusqu'à l'étang de La Magentais *(vers l'Ouest, un itinéraire continue vers le prieuré de Brégain)*

❼ Revenir sur ses pas jusqu'au Val.

❻ Continuer tout droit et franchir la D 155. S'élever en face puis dominer le vallon du Chênelais.

❽ En bas du vallon, gravir la route vers Trans.

Situation Trans-la-Forêt, à 15 km à l'Est de Dol-de-Bretagne par la D 155

Parking église

Balisage
jaune

Difficulté particulière

■ quelques passages marécageux ■ boucle entre ❺ et ❻ impraticable en période humide

Ne pas oublier

À voir

En chemin

■ Trans : église 15e-16e (deux chapelles accolées, pierres tombales de prêtres), maisons anciennes (mairie, presbytère), maisons avec linteaux et portes cintrées ■ panoramas

Dans la région

■ Dol-de-Bretagne : cathédrale Saint-Samson 13e, promenade des Douves, maisons anciennes, musée historique, "cathédraloscope" ■ forêt domaniale de Villecartier ■ Bazouges-la-Pérouse : cité d'artistes, maisons anciennes, église d'origine romane transformée au 19e

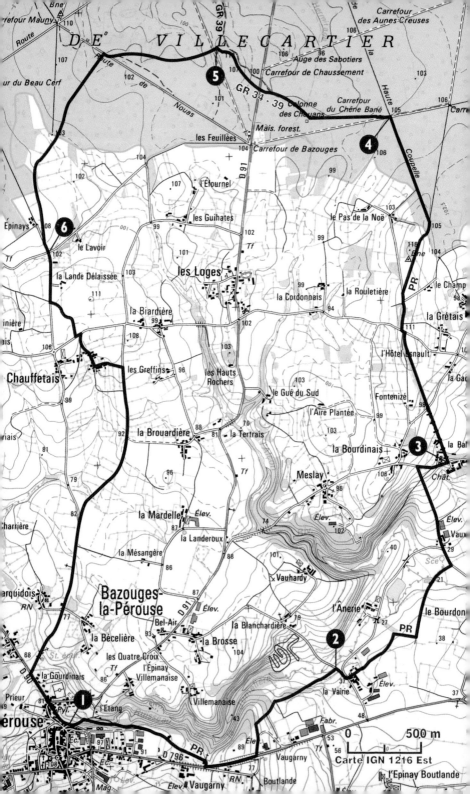

Bazouges-la-Pérouse

3 h 45 — 15 Km

Cette randonnée, par des vallons boisés jusqu'au château de la Balue, puis dans la futaie de Villecartier, offre de nombreux panoramas sur la vallée du Couesnon.

❶ Descendre vers l'Est, traverser la rue des Forges et emprunter la ruelle en contrebas. Couper la D 90, descendre le chemin. A la bifurcation, demeurer au-dessus du vallon. Continuer sur une petite route puis sur un large chemin. Suivre à gauche la D 796 sur 350 m *(panorama)*. Prendre à gauche un chemin herbeux, longer un champ et descendre une sente encaissée jusqu'à une petite route.

Parnassie des marais
Dessin N.L.

❷ Tourner à droite vers La Vairie. S'engager à gauche dans un chemin dans les prés. Se diriger à gauche vers Vaux et rejoindre la route du château de la Ballue.

❸ Prendre l'allée *(privée)* face au château. Traverser deux routes. Obliquer à droite 20 m après l'accès au Champ-Traversin. Pénétrer en forêt domaniale *(attention ! pas de balisage)*. Tourner à gauche puis suivre à gauche l'allée forestière de la Haute-Coupelle. Parvenir au carrefour du Chêne-Barré.

❹ Serpenter dans une zone en cours de régénération, passer à la colonne des Chouans. Traverser la D 91 près du carrefour de Chaussement et parvenir à un chemin transversal. Le prendre à droite sur quelques mètres.

❺ Obliquer à gauche dans un sentier équestre, traverser une allée et serpenter dans la futaie. Emprunter à droite la route de Nouas pour retrouver aussitôt à gauche le parcours équestre. Le suivre au Sud-Est vers l'orée de la forêt et rejoindre la route des Epinays.

❻ A la croisée de routes, prendre en face. Tourner à gauche peu après l'accès à La Lande-Délaissée. Se diriger vers La Chauffetais *(maisons anciennes)* et rejoindre à gauche une petite route. Par cette voie puis la route de La Chauffetais *(jalonnées de croix anciennes)*, gagner le bourg par la D 90.

Situation Bazouges-la-Pérouse, à 15 km à l'Est de Combourg par la D 796

 Parking place de l'Hôtel-de-Ville

 Balisage

❶ à ❸ bleu
❸ à ❹ jaune
❹ à ❺ blanc-rouge
❺ à ❻ orange
❻ à ❶ non balisé

Ne pas oublier

À voir

 **En chemin**

■ Bazouges-la-Pérouse : cité d'artistes, maisons anciennes, église d'origine romane transformée au 19e ■ château de la Ballue reconstruit au 17e : jardins avec labyrinthe ■ forêt domaniale de Villecartier ■ croix anciennes

Dans la région

■ Combourg : château 14e-15e remanié 18e-19e, parc, étang, maisons anciennes ■ Antrain : église 12e-17e, château de Bonne-Fontaine 16e (parc visitable)

Bazouges-la-Pérouse

Bazouges se transforme tous les étés en " village des artistes ", accueillant sculpteurs, peintres, photographes, artisans d'art. Sculptures et galeries de peinture animent la petite cité qui possède de vieux logis en granit (comme la " Maison aux Pendus " aux dix masques sculptés) ou à colombages, un beau manoir et une étonnante église à deux clochers bâtie sur deux églises gothiques contiguës.

La campagne bocagère regorge d'édifices remarquables : maisons rurales en granit à double porte cintrée, manoirs, chapelles de villages, une multitude de croix et même une pierre à sacrifices (au Gros-Chêne), à découvrir par chemins et petites routes.

La Ballue était un ancien château fort qui servit de refuge à la population de Bazouges pendant les guerres de Religion. La belle demeure construite

Jardins du château de la Ballue. *Photo A.S.*

en 1620 possède un parc à la française qui a été réhabilité par les derniers propriétaires. C'est un bel ensemble d'art topiaire et de géométrie complexe, à côté d'espaces créés en 1973 dans le style des jardins maniéristes et baroques des 16e et 17e siècles. Ces jardins réservent treize surprises. A vous de les découvrir !

Le pommé gallo

En Haute-Bretagne, c'était le " beurre du pauvre " car on le tartinait sur du pain, le beurre étant une ressource pour les fermes. Le pommé est une sorte de confiture au goût de caramel qui était confectionné avec les excédents de pommes et de cidre. De longue conservation, c'était une réserve alimentaire de choix.

Pour le fabriquer, il faut cuire pommes douces et cidre doux pendant vingt-quatre heures dans une grande bassine, la " pelle ". Pendant tout ce temps, il convient de " ramaouger ", c'est-à-dire mélanger sans discontinuer avec le ribot, long manche en bois terminé par une raclette. La " ramaougerie " était autrefois une fête familiale. La tradition est reprise aujourd'hui le troisième week-end d'octobre à Bazouges où a lieu pour cette occasion un grand rassemblement festif avec musiciens, conteurs, chanteurs et danseurs.

La «ramaougerie». *Photo S.I. Bazouges*

La forêt de Villecartier

Cette ancienne forêt royale de 980 hectares est une magnifique futaie en majorité de hêtres abritant un sous-bois de houx. Elle est située sur un massif granitique, véritable château d'eau : de ce plateau de plus de 100 m d'altitude, s'écoulent vers le nord le Guyoult et les ruisseaux encaissés des affluents du Couesnon ; à l'est et au sud, de profonds vallons dévalent aussi vers le Couesnon.

A proximité de l'oratoire Saint-Mathurin, se trouvaient des captages alimentant Vieux-Viel, Sougéal et Pontorson. Au 15e siècle, le duc de Bretagne fit construire la chapelle de l'Hermitage Saint-Nicolas afin de pouvoir assister à la messe quand il venait chasser dans la forêt. Tombée en ruine au 17e siècle, elle fut remplacée par l'actuel oratoire

La forêt n'était pas déserte. Jusqu'au 19e siècle, elle était peuplée par les bûcherons, charbonniers et sabotiers. Les charbonniers, population précaire et marginale, vivaient dans des huttes en bois recouvertes de genêts près des coupes de bois. Jusqu'à la première guerre mondiale, ils étaient ainsi environ 400 dont la loge suivait les travaux des bûcherons ; la croix de Montaugé (PR 29 et 30) aurait été érigée en mémoire d'un lieutenant tué en 1625 par deux charbonniers.

De même, les sabotiers - le hêtre est " l'arbre aux sabots " - naissaient, vivaient et mouraient dans la forêt. Leurs familles constituèrent de véritables dynasties qui s'établirent ensuite dans les villages des alentours. Leur cabane, qui suivait aussi les bûcherons et les charbonniers, était démontée et reconstruite environ tous les dix-huit mois. " L'auge des sabotiers " (PR 30), taillée dans la masse, aurait servi, soit à tremper les outils, soit à abreuver les animaux domestiques.

La forêt servit de retraite à Henri Baude de La Vieuville, officier chouan qui y fut fusillé le lundi de Pâques 1796. La " colonne des chouans " a été érigée en ce lieu à sa mémoire et à celle de son compagnon abattu à l'Efournel (hameau des Loges) au sud de la forêt.

L'auge des sabotiers. *Photo C.B.*

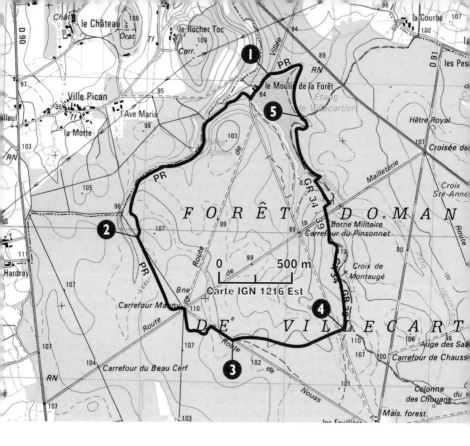

Les âges de la forêt

L a promenade permet d'observer les différents stades d'une futaie régulière :
- semis, de moins de 50 cm ;
- fourré : arbres d'une dizaine d'années, de moins de 2,50 m ;
- gaulis : arbres de 10 à 25 ans ; les gaulis sont éclaircis régulièrement pour enlever les sujets mal formés, trop petits ou trop envahissants ;
- perchis : arbres de 25 à 75 ans, de 10 à 20 m de haut ;

- jeune futaie puis futaie adulte : arbres de 75 à 180 ans ;
- vieille futaie mûre : arbres de plus de 180 ans. Les beaux arbres sont utilisés comme semenciers, soit pour régénérer la parcelle par des coupes successives (régénération naturelle), soit pour ensemencer d'autres zones et des pépinières (régénération artificielle).

Forêt de Villecartier. *Photo C.B.*

La croix de Montaugé

Cette promenade vous conduira auprès d'étangs romantiques, à travers une lumineuse hêtraie.

2 h
6 Km

❶ Continuer sur la route vers le moulin de la Forêt. Après le moulin, prendre à droite la promenade de la Croix-de-Montaugé *(commune avec un sentier botanique forestier)*. Après la passerelle, tourner à gauche le long de l'étang de Ruffien *(au nord de l'étang, emplacement d'un camp viking 10e : le Vieux Mn'a)*. Poursuivre le long du ruisseau *(à droite, hêtre remarquable et rhododendron)*. Traverser une parcelle contenant un fourré à la végétation très serrée. Quitter le ruisseau, rejoindre un chemin puis la route forestière du Pont-de-Terre.

❷ La suivre à gauche sur 50 m puis prendre à droite la promenade à travers un gaulis très dense. Traverser au carrefour de Mauny, Continuer la promenade à travers le perchis de la parcelle n° 7. Aboutir à la route des Nouas et l'emprunter à droite sur 200 m.

❸ Pénétrer à gauche par un sentier équestre dans une parcelle en régénération naturelle puis dans une futaie adulte très claire abritant des houx. Traverser la route du Pinsonnet et parvenir à un chemin transversal.

❹ Tourner à gauche sur le GR® et atteindre la croix de Montaugé *(croix de granit de 5 m de haut)*. Descendre traverser la route de la Mailleterie *(à droite, le fayard de la Mothe-Berthier, hêtre de 150 ans et de 35 à 40 m de haut)*. Parvenir à la queue de l'étang. Franchir le ruisseau du Petit-Hermitage et longer la rive Est de l'étang.

❺ Laisser le GR® s'éloigner à droite pour continuer tout droit le long de l'étang par le parcours sportif.

Digitale. *Dessin N.L.*

Situation forêt domaniale de Villecartier, à 15 km au Sud-Est de Dol-de-Bretagne par la D 155

 Parking étang de Villecartier, sur la route partant à 1,5 km au Nord-Ouest de la Croisée de Dol (fléchage port miniature)

Balisage

❶ à **❸** disque rouge (pancartes ONF)
❸ à **❹** orange
❹ à **❺** blanc-rouge
❺ à **❶** disque rouge

À voir

En chemin

■ étang de Villecartier
■ étang de Ruffien et camp viking ■ croix de Montaugé

Dans la région

■ Dol-de-Bretagne : cathédrale Saint-Samson 13e, promenade des Douves, maisons anciennes, musée historique, "cathédraloscope"
■ Antrain : église 12e-17e, château de Bonne-Fontaine 16e (parc visitable)
■ Bazouges-la-Pérouse : cité d'artistes, maisons anciennes, église d'origine romane transformée au 19e
■ château de la Ballue reconstruit au 17e : jardins avec labyrinthe

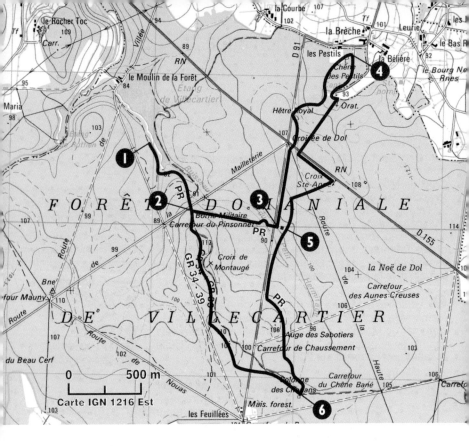

L'oratoire Saint-Mathurin

L'oratoire abrite une statue en bois représentant Saint-Mathurin, né en 288 à Larchant, en Seine-et-Marne, paraît-il d'une noble famille romaine. Faiseur de miracles, il avait le don de chasser les démons du corps des possédés. Sur son lieu de naissance, on venait en pèlerinage pour l'invoquer pour les fous, les fiévreux, les mourants et... les méchantes femmes.

En forêt de Villecartier, on lui trouva une autre occupation : favoriser le mariage des jeunes filles venues le prier. Comme la statue de son confrère Saint-Guirec à Perros-Guirec, sa tête reçut bon nombre d'aiguilles de fichu ou de coiffe plantées dans le nez, ce qui obligea à lui en sculpter une nouvelle. La statue, volée en 1982, a été remplacée en 1994.

La colonne des Chouans. *Photo C.B.*

Sentier des Petits Monuments

Fiche pratique 30

Une balade flânant auprès d'arbres remarquables et de petits monuments rappelant l'histoire du pays ou la vie des habitants de la forêt.

❶ Se diriger à l'Est vers l'étang et le longer vers le Sud. Franchir à gauche une zone marécageuse et gagner la queue de l'étang. S'élever à droite vers la route de la Mailleterie *(à gauche, le fayard de la Mothe-Berthier, hêtre de 150 ans et de 35 à 40 m de haut).*

Gouet maculé
Dessin N.L.

❷ Après la route, prendre à gauche le layon rectiligne vers la borne milliaire *(les bornes milliaires étaient placées tous les mille pas, soit 1481 m, au bord des voies romaines)* érigée près du ruisseau du Petit Hermitage au lieu-dit Pont-à-Filouse *(Pont-à-Voleurs)* au carrefour de sept anciennes routes. S'élever dans le vallon, traverser la D 91.

❸ Prendre à gauche la sente vers le hêtre Royal. Couper la route de la Haute-Coupelle puis la D 155 près de la croisée de Dol et atteindre le hêtre Royal *(200 ans, 30 m de haut)* au bord de la D 91. Serpenter dans la futaie herbeuse jusqu'au chêne des Pestils *(chêne rouvre de 250 ans et 24 m de haut)* à l'orée de la forêt.

❹ Partir au Sud et aboutir à l'oratoire Saint-Mathurin près d'une clairière. Retraverser la D 155 et la longer vers la gauche jusqu'à la croix Sainte-Anne. Après la route de la Haute-Coupelle, se diriger vers le Sud.

❺ Entrer dans une zone très clairsemée *(zone de régénération naturelle)* et atteindre l'Auge des Sabotiers. Couper la route de Chaussement et parvenir au GR® et à la colonne des Chouans.

❻ Aller à droite, traverser la D 91 non loin du carrefour de Chaussement puis aboutir à un chemin transversal. Le suivre vers la droite, passer à la croix de Montaugé *(croix de granit de 5 m de haut)* et retrouver le sentier du départ à la route de la Mailleterie.

❷ Le prendre pour rejoindre le parking.

2h40
8 Km

Situation forêt domaniale de Villecartier, à 15 km au Sud-Est de Dol-de-Bretagne par la D 155

 Parking étang de Villecartier, à 900 m au Sud de la D 155 par la route du Pinsonnet (fléchage *port miniature*)

Balisage
Ronds blancs

À voir

En chemin

■ arbres remarquables et petits monuments (panneaux d'information)

Dans la région

■ Dol-de-Bretagne : cathédrale Saint-Samson 13e, promenade des Douves, maisons anciennes, musée historique, "cathédraloscope"
■ Antrain : église 12e-17e, château de Bonne-Fontaine 16e (parc visitable)
■ Bazouges-la-Pérouse : cité d'artistes, maisons anciennes, église d'origine romane transformée au 19e
■ château de la Ballue reconstruit au 17e : jardins avec labyrinthe

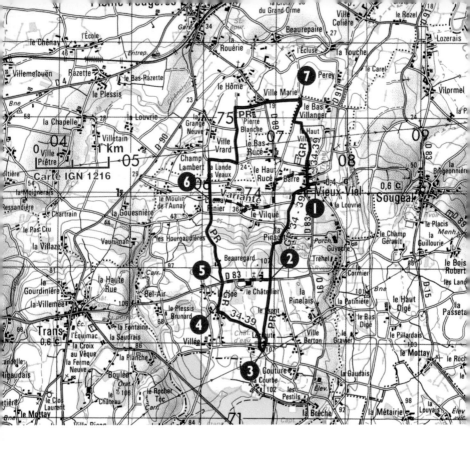

Les chemins montais

Un réseau de chemins convergeait vers le Mont-Saint-Michel pour conduire les pèlerins qui venaient de toute l'Europe médiévale prier l'archange vainqueur du Mal à l'abbaye érigée sur l'ancien mont Tombe.

Des croix - les croix montoises - jalonnaient ces chemins montais ou chemins de paradis pour les guider et soutenir leur foi. A chaque étape,

des hospices leur apportaient gratuitement gîte et pitance.

Du haut de Vieux-Viel, sur une de ces voies, le pèlerin apercevait enfin le Mont, terme de leur périple. Il leur fallait toutefois encore traverser les marais, le Couesnon (à gué jusqu'en 1031) et franchir les grèves pour parvenir enfin à l'objet de leur quête.

Vieux-Viel. *Photo C.B.*

Les hauts de Vieux-Viel

Comme le pèlerin du Moyen Age sur les chemin montais, découvrez la silhouette du mont Saint-Michel du haut des collines dominant Vieux-Viel, comme à Beauregard, le bien nommé.

Euphorbe des bois
Dessin N.L.

❶ Prendre la route de Trans *(D 83)* puis tourner à droite. Dans le virage de la route *(croix de granit sculptée)*, poursuivre tout droit. Couper une petite route, gravir un remarquable chemin creux très profond et parvenir à la D 83.

▶ A gauche, sur cette route, panorama sur le mont ; à droite, par le GR®, château du Châtelier et chapelle.

❷ Continuer tout droit. Au bout du chemin, poursuivre entre les cultures puis contourner par la gauche la ferme de Maucrais. Emprunter la sente entre les résineux.

❸ Prendre la route vers la droite, tourner à droite avant le château d'eau et obliquer à gauche à la croix vers Le Rocher. Descendre la route sur 100 m.

▶ A 200 m par la route, motte féodale à La Motte-Berthier.

❹ Emprunter à droite un chemin creux, atteindre la D 83 *(croix pattée)*.

❺ Se diriger en face vers Beauregard, poursuivre par le chemin herbeux *(vaste panorama sur Pontorson et le Cotentin, Pleine-Fougères et Sains, Vieux-Viel au creux du vallon puis le mont Saint-Michel)*. Descendre le chemin creux, couper une route et poursuivre sur 150 m.

▶ Variante : à droite, raccourci vers le bourg.

❻ Demeurer sur le chemin, couper une route. A la route suivante, prendre à droite jusqu'à la bifurcation. Tourner à gauche dans le chemin empierré, suivre à droite la route jusqu'à Ville-Marie et continuer en face.

❼ Emprunter à droite la route sur 300 m, s'engager à gauche dans un chemin herbeux entre les prés obliquant à droite vers le bourg.

Situation Vieux-Viel, à 8 km au Sud-Ouest de Pontorson par les D 219 et D 291

 Parking église

 Balisage

❶ à **❷** blanc-rouge
❷ à **❸** jaune
❸ à **❺** blanc-rouge
❺ à **❼** jaune
❼ à **❶** blanc-rouge

⚠ **Difficulté particulière**

■ passages très boueux en période humide

Ne pas oublier

En chemin

■ maisons aux portes cintrées
■ croix ■ château et chapelle du Châtelier ■ La Motte-Berthier : motte féodale

Dans la région

■ forêt domaniale de Villecartier ■ Antrain : église 12e-17e, château de Bonne-Fontaine 16e (parc visitable) ■ Bazouges-la-Pérouse : cité d'artistes, maisons anciennes, église d'origine romane transformée au 19e ■ château de la Ballue reconstruit au 17e : jardins avec labyrinthe

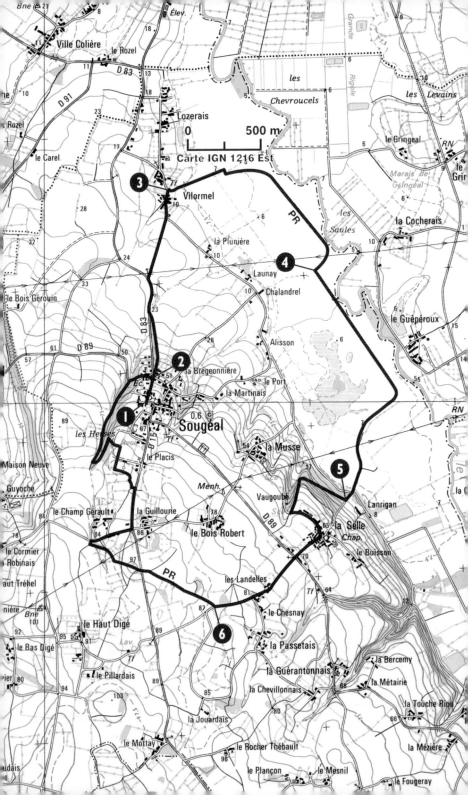

Marais et vallons à Sougéal

Une balade très variée : marais aux vastes horizons, panoramas sur le mont, sentiers de bocage, vallons boisés, maisons anciennes aux portes cintrées et linteaux de pierre.

❶ Prendre à gauche de l'église la route de Pontorson *(D 83).*

Pluvier Doré. *Dessin P.R.*

❷ Au carrefour suivant, obliquer à droite pour trouver un chemin creux parallèle à la route. Suivre la direction de Vilormel.

❸ Emprunter à droite le chemin vers le marais. Au bout de 200 m, franchir à droite une passerelle, suivre les traces longeant le fossé puis obliquant à droite vers le Couesnon et continuer au Sud-Est.

❹ Après la première ligne électrique, lorsque la piste se dirige à droite, tourner à gauche sur des traces en direction du Couesnon. Après Le Guépéroux, longer à droite une pâture, passer sous la seconde ligne électrique et rejoindre une route. La prendre sur 100 m en direction de La Selle.

❺ Pénétrer à droite dans une jeune châtaigneraie, s'élever jusqu'à la vallée de Vaugoubé et la remonter. Gravir à gauche la route de La Selle, couper à droite la D 89 *(croix).* Traverser Les Landelles et continuer sur 200 m.

❻ Obliquer à droite dans un chemin parfois humide. Gagner la D 15 par des chemins de bocage. La traverser, poursuivre en face, bifurquer à droite dans une sente humide. Retrouver à droite la D 15. Avant Sougéal, prendre la direction de la vallée de Vauscension. Contourner la pelouse du stade, prendre à gauche le chemin asphalté pour dévaler aussitôt une sente étroite. Remonter le fond du vallon puis redescendre du haut de l'autre rive jusqu'au plan d'eau. Gravir la D 89 pour retrouver la route de Pontorson.

❼ Rejoindre à droite le centre de Sougéal.

**3 h
10,5 Km**

Situation Sougéal, à 8 km au Sud de Pontorson par les D 219 et D 83

 Parking église

 Balisage
pancartes

⚠ Difficulté particulière

■ marais inondé en saison humide ■ cheminement malaisé dans le marais entre **❸** et **❺**

Ne pas oublier

À voir

 En chemin

■ Marais de Sougéal

 **Dans la région**

■ Sougéal : menhir de la Roche au Diable (à 1 km, près de la D 89) ■ forêt domaniale de Villecartier ■ Antrain : église 12e-17e, château de Bonne-Fontaine 16e (parc visitable)

Le marais de Sougéal

Le marais est constitué de 170 hectares de grandes prairies inondables submergées en hiver, jouant ainsi un rôle de régulation du régime des eaux. Il est inventorié comme site Ramsar (convention pour la protection des zones humides d'importance internationale, habitat d'une flore et d'une avifaune caractéristiques).

Renoncule aquatique. *Photo C.B.*

Ce marais périphérique accueille en hiver des canards de surface (colvert, pilet, siffleur, souchet, chipeau, sarcelle d'hiver) qui viennent s'y nourrir la nuit, quittant leur reposoir diurne de la Baie. Au printemps, vous pourrez observer selon l'époque - avec discrétion, bien entendu ! - des oiseaux migrateurs ou nicheurs : sarcelle d'été, canard colvert, bécassine des marais, vanneau huppé, barges, chevaliers, grand gravelot, courlis, pluviers, héron cendré. Le marais abrite aussi des rapaces et un couple de cigognes.

Plus au nord, le marais du Mesnil en Pleine-Fougères est un lieu de nidification des cigognes.

Les oies de Sougéal

Le marais est entretenu par agro-pastoralisme, c'est-à-dire le pacage en liberté de troupeaux de bovins, de chevaux et d'oies.

Une population de six cents à sept cents oies à rôtir y cancane tranquillement. Ces dames descendent le matin au marais, y passent la journée et rentrent le soir toutes seules, par petites bandes, à l'élevage. Mais malheur à l'étourdie qui ne regagnerait pas le bon gîte ! L'intruse serait vite repérée et traitée sans ménagement par ses consœurs.

Le dernier dimanche de juillet a lieu la fête de l'oie, avec un repas pour lequel une partie de cette population a été sacrifiée et rôtie à l'ancienne.

Les oies de Sougéal au pâturage. *Photo C.B.*

Héron cendré. *Photo P.C./ SEPNB*

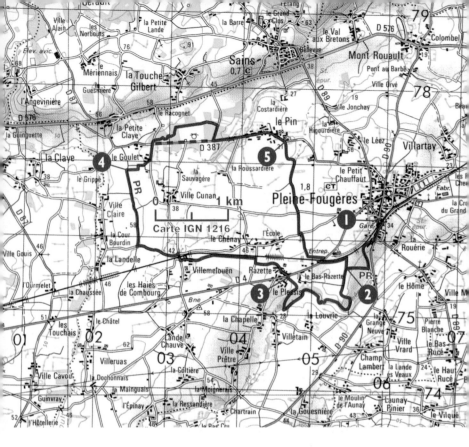

Les fleurs des chemins

Epilobe. *Photo C.B.*

«Mauvaises herbes » du jardinier, les fleurs sauvages accompagnent le promeneur. Fin juillet, dans l'humidité du bois de Coquerel, vous observerez digitale, compagnon rouge, consoude, lychnis, reine des prés et la grande hampe de l'épilobe hirsute au détour de la sente.

Sur le bord herbeux du chemin de Razette, croissent millepertuis, rumex, potentille ansérine, renouée persicaire, matricaire, campanule étalée, galéopsis (ou ortie royale). Des pentes des fossés émergent le capitule velouté de l'eupatoire à feuilles de chanvre, l'épi pourpre de la salicaire commune et les gracieuses panicules roses de la petite centaurée délicate.

Sur les talus des routes, dominent le jaune des séneçons, le rose des cirses, chardons et centaurée noire avec la petite mauve, accompagnés de la légère achillée millefeuille et des étranges euphorbes vertes.

Circuit de Pleine-Fougères

33

En juillet, vous serez accompagné dans le bois de Coquerel par le parfum sucré de la reine des prés avant de poursuivre la balade par des chemins et routes de campagne.

❶ Suivre vers le Sud la route de Trans *(D 90)*. Peu après la route de Vieux-Viel *(D 89)*, emprunter à droite un chemin herbeux vers la voie ferrée puis à gauche un chemin creux. Gravir à droite le chemin empierré.

❷ Poursuivre sur ce chemin après le virage. A son extrémité, tourner à gauche entre les cultures puis pénétrer dans le vallon boisé. Avant le pont, entrer à droite dans le bois de Coquerel. Suivre le cours du ruisseau de la Chênelais en changeant de rive. A l'orée du bois, près d'une petite route, repartir en arrière au-dessus du marais après avoir franchi le ruisseau. Tourner à gauche avant Le Bas-Razette.

❸ Traverser la D 4 puis le village de Razette, rejoindre le passage à niveau et longer la voie ferrée. Passer Villemelouën, franchir la voie ferrée et suivre à gauche la route de Ville-Claire sur 600 m. Prendre à droite un chemin bordé de jeunes châtaigniers. Se diriger vers le Nord sur plus d'1km.

❹ S'engager à droite dans un chemin creux humide menant au Goulet. Rejoindre à gauche la D 387. 100 m plus loin, pénétrer à droite dans le bois de la Lande du Pin *(entrée parfois obstruée)* et parcourir une sente sinueuse. Gagner une petite route puis, à droite, la D 387, traverser Le Pin *(vue au Nord sur le bourg de Sains)*.

❺ A la dernière maison, emprunter à droite un chemin asphalté jusqu'à une petite route. Continuer vers le Sud par des chemins creux jusqu'au passage à niveau de la D 4, longer à gauche la voie ferrée et rejoindre à droite un chemin empierré.

❷ Par l'itinéraire emprunté à l'aller, regagner le point de départ.

Séneçon-jacobée. *Dessin N.L.*

Situation Pleine-Fougères, à 6 km au Sud-Ouest de Pontorson, par les N 176 et D 90

P **Parking** gare

 Balisage jaune

⚠ **Difficulté particulière**

■ parcours dans le bois de la Lande-du-Pin interdit le mercredi et le dimanche en période de chasse

À voir

 En chemin

■ flore de la zone marécageuse du bois de Coquerel

Dans la région

■ Pleine-Fougères : manoir de Chauffaux 16e, église (pierre tombale avec gisant 15e) ■ Sains : promenade des étangs, panorama de La Lande de Montomblay (baie et mont Saint-Michel) ■ Saint-Georges-de-Gréhaigne : église 15e-16e, panorama sur la baie et le mont Saint-Michel

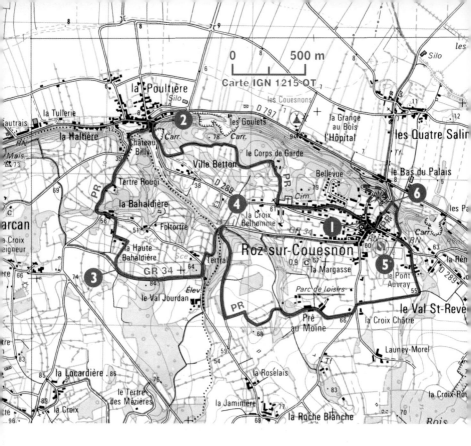

Une lutte contre les flots

A l'est de la chapelle Sainte-Anne, aucun cordon coquillier ne protégeait la suite de la digue de la Duchesse Anne abritant les nouvelles implantations. A cela s'ajoutaient les redoutables divagations de l'imprévisible Couesnon. Ainsi disparut sous les eaux au 16e siècle la paroisse de Palluel dont l'existence était attestée un siècle plus tôt au nord-ouest de Roz-sur-Couesnon.

Il faudra attendre la canalisation du Couesnon en 1858 pour que la digue protégeant le marais blanc, de la chapelle Sainte-Anne à Saint-Georges-de-Gréhaigne, soit hors d'atteinte. De 1851 à 1934, 2 800 hectares de polders seront gagnés du côté breton par construction de digues et de levées successives. Une œuvre de spécialistes : des ingénieurs hollandais !

Polders. *Photo C.B.*

Sentier panoramique de Roz Fiche pratique **34**

Une balade par de magnifiques chemins offrant de multiples points de vue sur la baie du Mont-Saint-Michel et le fin clocher de l'église de Roz émergeant du bocage.

❶ Rejoindre par une ruelle piétonne la rue de Malchat *(D 289)* et la suivre jusqu'au cimetière. S'élever à droite vers le Corps de Garde *(ancien poste de douaniers)*. Prendre à gauche une sente serpentant en sous-bois. Continuer par des chemins descendant sur La Poultière.

❷ Tourner à gauche avant la D 797. Gravir à gauche l'impasse Pinet se poursuivant par un raide chemin aux pierres usées. Emprunter la route vers Le Tertre-Rougi, traverser La Bahaldière *(maisons aux portes cintrées)* puis se diriger vers La Haute-Bahaldière. Continuer par un chemin creux dans le granit. Atteindre un chemin transversal.

Achillée millefeuille
Dessin N.L.

❸ Prendre le GR® à gauche jusqu'à une route *(panorama sur la baie)*. A 100 m à gauche, dans le virage, descendre un chemin en sous-bois, franchir un ru et rejoindre une route.

❹ Quitter le GR®. Gravir à droite la route sur 600 m. Sur le plateau, tourner à gauche. Au bout du chemin, prendre à gauche une sente entre les pâtures. S'élever à droite vers Pré-au-Moine et continuer sur la route. A la bifurcation, prendre à droite, à la maison neuve, un chemin creux puis un chemin empierré jusqu'au lavoir du Douet-Curieux. Suivre à gauche la D 289.

❺ A la croix octogonale, emprunter l'impasse des Réservoirs. Descendre le long des bassins *(édifiés pour alimenter en eau les fermes des polders)*.

❻ En vue de la route, grimper à gauche une sente jusqu'à l'impasse de Carrouel et rejoindre l'église.

▶ Il est intéressant d'effectuer un détour par le jardin public *(belvédère sur la baie avec le mont Saint-Michel et le quadrillage des polders)*.

Situation Roz-sur-Couesnon, à 16 km à l'Est de Dol-de-Bretagne par les D 80 et 797

 Parking église

 Balisage

❶ à ❸ ronds blancs
❸ à ❹ blanc-rouge
❹ à ❶ ronds blancs

 Difficulté particulière

■ quelques difficultés d'orientation

Ne pas oublier

À voir

En chemin

■ La Bahaldière : maisons anciennes ■ lavoir du Douet-Curieux ■ jardin public : panorama

Dans la région

■ Saint-Broladre : chapelle Sainte-Anne 17e ■ Sains : promenade des étangs, panorama de La Lande de Montomblay (baie et le mont Saint-Michel) ■ Saint-Georges-de-Gréhaigne : église 15e-16e, panorama sur la baie et le mont Saint-Michel

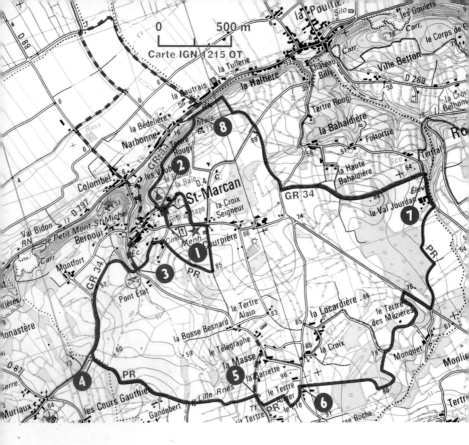

Le " terrain "

Le terrain, c'est le massif de granit surplombant l'ancien littoral, de Baguer-Pican à Roz puis Sains, ainsi nommé par opposition au marais. Terre ingrate de lande bretonne ou de bocage et crêtes aux multiples panoramas sur la Baie comme à Vaujour (Baguer-Pican), La Haute-Bahaldière (Saint-Marcan), La Lande-de-Montomblay (Sains).

Il se parcourt par d'antiques chemins creusés dans le socle granitique raboté, parfois bordés de vieux murs en pierres, ou par d'étroits chemins creux sinueux entre petits champs et prairies, qui parviennent à des villages ou des fermes aux logis en granit aux portes cintrées et aux linteaux gravés.

De ce plateau, descendent des vallons ombreux et frais comme celui de Riscopp où dévalent les cascades d'un petit ruisseau.

Le bocage du terrain. *Photo C.B.*

Le balcon de la Baie

 Fiche pratique 35

 2h45 • **11 Km**

Une flânerie sur les hauts de Saint-Marcan, aux petites parcelles cernées de haies, avec de remarquables points de vue sur la baie et le moutonnement des arbres du bocage.

Millepertuis perforé
Dessin N.L.

❶ Se diriger vers la salle polyvalente et le gîte d'étape.

❷ Emprunter à droite un chemin en sous-bois *(le grand cyprès servait de repère aux marins)* puis descendre la route. Suivre la D 89 sur 100 m *(dans le champ à droite, menhir).* A la croix Seigneur, prendre à droite le chemin sur 300 m. Tourner à droite en direction du bourg puis s'engager à gauche sur le chemin sous le lotissement.

❸ Continuer par la route du Vieux-Moulin puis par un chemin empierré avant cette propriété. Suivre la route à gauche sur 600 m.

❹ Prendre à gauche la route de Gandebert puis le chemin. Dans le virage, emprunter à gauche la sente rejoignant un chemin empierré. S'élever jusqu'à la route.

▶ A 400 m au Nord par la route, tour d'un télégraphe de Chappe, qui recevait des signaux de la mer.

❺ La prendre à droite. Emprunter le chemin herbeux avant Le Petit-Tertre *(panorama sur la baie de Cancale).* Contourner par la droite Le Tertre-Auger et parvenir au Pré.

❻ Emprunter un chemin empierré sinueux. A la bifurcation, s'élever à droite *(sur le socle granitique)* vers le Tertre-des-Mézières *(panorama sur le mont Saint-Michel et Roz-sur-Couesnon)* et la D 89. Au bout de 200 m à droite, descendre jusqu'au Val-Jourdan. Suivre à gauche la route sur 250 m.

❼ S'engager à gauche dans un chemin de crête *(panorama sur la baie et la côte normande).* Traverser deux routes et gagner le bas de la falaise.

▶ Possibilité d'effectuer un détour dans le marais à partir de la D 797 et en revenant par l'église *(1 h de plus).*

❽ Gravir un raidillon le long d'un pré puis suivre un sentier très sportif dans le bois. Parvenir au gîte d'étape.

❷ Rejoindre tout droit le parking.

Situation Saint-Marcan, à 12 km à l'Est de Dol-de-Bretagne par les D 80, D 797 et D 89

 Parking salle polyvalente, à 150 m du centre du bourg, sur la D 89

 Balisage

❶ à ❷ non balisé
❷ à ❸ bleu
❸ à ❹ blanc-rouge
❹ à ❼ jaune
❼ à ❷ blanc-rouge
❷ à ❶ non balisé

 Difficulté particulière

■ sentier très raide en ❽
■ quelques difficultés d'orientation

Ne pas oublier

 **À voir**

En chemin

■ menhir de la Roche Longue
■ croix Seigneur 16e
■ télégraphe de Chappe
■ panoramas sur la baie

Dans la région

■ Saint-Marcan : église (statue du saint 16e)
■ Saint-Broladre : chapelle Sainte-Anne 17e, vallée du Riscop ■ Roz-sur-Couesnon : panorama du jardin public

La chapelle Sainte-Anne

Au départ d'une chapelle de pèlerinage, une promenade entre marais et polders puis dans l'immensité des prés-salés et des grèves, avec le mont à l'horizon.

Huîtrier-pie. *Dessin P.R.*

❶ De la chapelle, gagner à droite la digue de la Duchesse Anne.

Elle fut construite dès le Moyen Age, édifiée en gros blocs de granit. Au Sud de la digue, se trouvent les marais, petites parcelles de terre grise traversées de canaux de drainage ; au Nord, les polders gagnés plus tardivement sur la mer, sont des grands espaces cultivés en céréales et maïs.

❷ Au polder Sainte-Anne, suivre la route sur la digue jusqu'au polder Colombel. Continuer à gauche sur la digue bordée de haies, à droite de la ferme *(à droite, marais)*, jusqu'à la route suivante.

▶ Variante : le parcours peut être prolongé de 8 km en poursuivant sur la digue de la Duchesse Anne par Palluel et La Saline, puis en prenant le GR® 34 vers le littoral ; revenir par les herbus ou les grèves pour retrouver le parcours en **❹** .

❸ Emprunter à gauche la route vers La Croix-Morel puis prendre à gauche la digue goudronnée sur 250 m. Se diriger à droite par une digue empierrée vers la digue des Hollandais protégeant les polders.

❹ Longer vers l'Ouest le littoral vers la chapelle en cheminant par les herbus aux moutons de pré-salé ou sur les dunes des bancs coquilliers *(remarquer les gabions, blockhaus enterrés dans la vase, face à une mare, utilisés pour la chasse aux canards).*

▶ Au niveau de la chapelle Sainte-Anne, il existe un itinéraire qui permet de découvrir une pêcherie et le Banc des Hermelles *(accompagnement par un guide obligatoire).*

Salicorne. *Dessin P.R.*

2 h
6 Km

Situation Saint-Broladre, à 10 km au Nord-Est de Dol-de-Bretagne par la D 80

Parking chapelle Sainte-Anne, à 3 km au Nord du bourg

Balisage non balisé

Difficulté particulière

■ parcours sur la propriété privée des digues et marais, autorisée du 1er mars au 15 septembre (hors de la période de chasse)

Ne pas oublier

À voir

En chemin

■ chapelle Sainte-Anne 17e
■ digue de la Duchesse Anne
■ panorama sur la baie et le mont Saint-Michel

Dans la région

■ Saint-Broladre : vallée du Riscop ■ mont Dol : panorama, musée du Mariage, église 12e ■ Dol-de-Bretagne : cathédrale Saint-Samson 13e, promenade des Douves, maisons anciennes, musée historique, "cathédraloscope" ■ Le Vivier-sur-Mer : maison de la Baie (exposition sur la mytiliculture et découverte de la baie)

Est-ce la présence du Mont, les récits de grèves et de lises ou la brume estompant parfois le littoral et le mont Dol comme un mirage ? La Baie, qui s'étend entre les pointes du Grouin et de Champeaux, fascine et inquiète. Les marées, les plus grandes d'Europe avec un marnage maximal de 15 m, découvrent un estran en pente très faible (moins de 3%) d'environ 250 km2. Le vidage de la Baie comme la remontée des eaux sont spectaculaires, notamment dans les chenaux des rivières où le flot atteint 2,5 m par seconde. L'océan parcourt ainsi 12 km en six heures !

La slikke, zone recouverte à chaque marée abrite une riche vie végétale (bactéries, diatomées) et animale (vers, mollusques, petits crustacés), alimentation des poissons, crabes et oiseaux. A marée descendante, on ne se lasse pas d'observer les milliers de limicoles migrateurs qui sillonnent la grève, accompagnant le reflux de la mer : huîtrier-pie, bécasseaux, barges rousse et à queue noire, courlis cendré, pluviers argenté et doré, élégants chevaliers... Canards, oies, goélands et mouettes rieuses vien-

nent s'y reposer. Au bout de l'estran, se prélassent des petites colonies de phoques gris et veaux marins.

Aux marées basses de vive eau, la grève est parcourue par les pêcheurs à pied, armés d'un grand filet tendu, le dranet ou la bichette, ramassant mollusques (huîtres sauvages, coques, couteaux, palourdes) ou crevettes grises.

A 4 km au nord de la chapelle Sainte-Anne, se trouve le banc des Hermelles (ou " crassiers "), récif calcaire, formé de tubes empilés et juxtaposés par des vers marins, qui avait jadis 2 m de haut.

Chaque marée abandonne 3 000 tonnes de sédiments, soit un volume annuel estimé à un millions de mètres cube auxquels s'ajoutent coquilles ou débris calcaires formant des bancs à l'ouest. Le comblement de la Baie est un phénomène naturel amplifié par l'homme. Le programme de désensablement du Mont (suppression de la route-digue, modification du barrage de la Caserne pour provoquer un phénomène de " chasse " au jusant) ne pourra que retarder l'inéluctable...

Bécasseau variable. *Photo E.B. / SEPNB*

Herbus et polders

La chapelle Sainte-Anne se dresse à la limite de trois milieux : herbus (schorre), polders et marais blanc.

Le schorre est un espace de transition entre les milieux terrestre et maritime. A l'est de la chapelle, il s'élargit pour atteindre plus de 2 km au large des Quatre-Salines, ancien village de récolte du sel devenu depuis la poldérisation un centre de culture de légumes de sable : carotte, poireau, ail, oignon, échalote...

Le haut schorre est recouvert d'une végétation très dense de fétuque et de chiendent piquant. Plus bas, la puccinellie est la graminée préférée des moutons de prés salés. Sont aussi présents la soude, l'aster maritime fleurissant en septembre, des salicornes, et une plante discrète aux jolies fleurs mauves étoilées, la spergulaire maritime. Les buissons argentés fragiles d'obione occupent les espaces non piétinés par les moutons comme le bord des " criches ", ces chenaux de marée profonds et tortueux par où remonte le flot et où s'enlisent parfois les moutons.

Enfin, les salicornes annuelles sont des espèces pionnières colonisant le haut de la slikke. Elles sont concurrencées par une graminée, la spartine d'Angleterre qui fixe la vase et dont la prolifération joue un grand rôle dans le terrassement de la Baie et la progression des herbus (20 hectares par an).

Sur cet espace, quelques cabanes abritent les bergers qui surveillent, côté breton, environ 5 000 brebis que les chiens ramènent le soir sur la terre ferme, la bergerie, en mauvaise saison. Aux grandes marées, elles demeurent quelques jours hors des herbus. L'appellation " agneau de pré salé " ou " grévin " exige que les agneaux aient des parents de races grévines (issues de croisement des Suffolk). Ils sont abattus au bout de 90 jours minimum et les brebis doivent pâturer plus de 230 jours sur les herbus. A Roz-sur-Couesnon, se déroule au mois d'août le pardon des agneaux.

Herbus, polders et marais accueillent en hiver canards et oies mais leur population est en régression en raison de la transformation des prairies inondables en cultures primeuristes et champs de maïs.

Sur les prés salés. *Photo C.B.*

Le Tour du Pays Malouin

Ce circuit part de la cité de Saint-Malo pour parcourir les pointes et grèves de le Côte d'Émeraude jusqu'au-delà du port de Cancale. L'itinéraire domine ensuite le marais de Dol suivant le littoral primitif pour parvenir à Châteauneuf-d'Ille-et-Vilaine, ancienne place forte défendant le pays d'Alet. De La Ville-ès-Nonais, le sentier épouse les contours des presqu'îles et anses de l'estuaire de la Rance avant de rejoindre le port de Saint-Malo.

Quelques idées de randonnées

■ Les itinéraires décrits
Le topo-guide décrit les sentiers de Grande Randonnée® suivants :
- le GR® 34, de Saint-Malo à Château-Richeux (37,5 km) et du barrage de la Rance au port des Bas-Sablons à Saint-Servan (5 km) ;
- le sentier GR® de Pays " Tour du Pays Malouin " de Château-Richeux au barrage de la Rance (47,5 km), et sa variante du Chênot à La Couaille (4,5 km)

■ Quelques suggestions
Nous avons sélectionné pour vous quelques idées de randonnées.

un jour

Boucle autour de Châteauneuf-d'Ille-et-Vilaine par Saint-Suliac et Saint-Père, 27 km
Voir pp.137-139

Deux jours

Saint-Malo (ou Paramé) - La Gouesnière (gare)
1er jour : de Saint-Malo (ou Paramé) à Port-Pican, 27,5 km
2e jour : de Port-Pican à La Gouesnière (gare), 15 km
Voir pp.129-135

La Gouesnière (gare) - Saint-Servan
1er jour : de La Gouesnière (gare) à Saint-Suliac, 24,5 km
2e jour : de Saint-Suliac à Saint-Servan (Bas-Sablons), 24,5 km
Voir pp.135-139

Trois jours

Paramé (Le Minihic) - Saint-Servan
1er jour : de Paramé (Le Minihic) à Port-Pican, 23,5 km
2e jour : de Port-Pican à La Gouesnière, 16,5 km
3e jour : de La Gouesnière à Saint-Servan, 26 km
Voir pp. 129-139

Cancale - Saint-Malo
1er jour : de Cancale à Châteauneuf-d'Ille-et-Vilaine, 23,5 km
2e jour : de Châteauneuf-d'Ille-et-Vilaine à Saint-Jouan : 18,5 km
3e jour : de Saint-Jouan à Saint-Malo, 17,5 km
Voir pp. 133-139

Quatre jours

Paramé (Le Minihic) - Saint-Servan
1er jour : de Paramé (Le Minihic) à Port-Pican, 23,5 km
2e jour : de Port-Pican à La Gouesnière, 16,5 km
3e jour : de La Gouesnière à Saint-Suliac, 21,5 km
4e jour : de Saint-Suliac à Saint-Servan (Bas-Sablons), 24,5 km
Voir pp. 129-139

Le balisage du sentier

Le sentier GR® 34 est balisé blanc-rouge

Le sentier GR® de Pays est balisé jaune-rouge

Se rendre et se déplacer dans la région

■ SNCF

Gares de La Gouesnière - Cancale (hameau de Limonay), Saint-Malo (ligne Rennes - Saint-Malo)

■ Cars

• Les Courriers Bretons : tél. 02 99 19 70 70, ligne Saint-Malo - Cancale - Pointe du Grouin
• Transports TIV : tél. 02 99 40 83 33, ligne Saint-Malo - Cancale
• Saint-Malo bus, tél. 02 99 56 06 06

Hébergements

• Port-Pican (35260 Cancale)
Auberge de Jeunesse de Cancale, tél. 02 99 95 28 73
• Paramé (35400 Saint-Malo)
Auberge de Jeunesse de Saint-Malo, 37 avenue du Révérend-Père-Umbricht, (à 500 m de la côte, peu avant les Thermes Marins), tél. 02 99 40 29 80
• Chambres d'hôtes ou chez l'habitant, hôtels, campings : voir page 19

km	LOCALITÉS	Pages	🏠	🏨	🛏	Λ	🛒	✗	☕	🚌	🚃
	SAINT-MALO	129	•	•	•	•	•	•	•	•	•
4	PARAMÉ (LE MINIHIC)	129							•	•	•
6	ROTHÉNEUF	129		•		•	•	•	•	•	
2,5	LA GUIMORAIS	129		•		•	•	•	•	•	
12	POINTE DU GROUIN	133		•		•		•	•	•	
3	PORT-PICAN	133	•							•	
5	CANCALE	133		•	•		•	•	•	•	
5	CHATEAU-RICHEUX	133		•	•			•		•	
2,5	ST-MÉLOIR (Hors GR à 1 km)	135		•	•		•	•	•	•	
2	LIMONAY (Hors GR à 700 m)	135		•				•		•	•
2	LA GOUESNIÈRE	135		•			•	•	•	•	•
8	SAINT-PÈRE	137			•			•	•		
5	CHATEAUNEUF-D'ILLE-ET-VILAINE	137	•	•			•	•	•	•	
3,5	LA VILLE-ÈS-NONAIS	137			•	•	•		•	•	
5	SAINT-SULIAC	137			•	•	•	•	•	•	
10	ST-JOUAN (Hors GR à 1 km)	139			•		•	•	•	•	
12,5	SAINT-SERVAN	139		•	•	•	•	•	•	•	•
4	SAINT-MALO	139	•	•	•	•	•	•	•	•	•

🏠 Gîte d'étape   🏨 Hôtel   Λ Camping   🚌 Car   ☕ Café
🛏 Chambres d'hôtes ou gîte rural   🛒 Ravitaillement   ✗ Restaurant   🚃 Gare

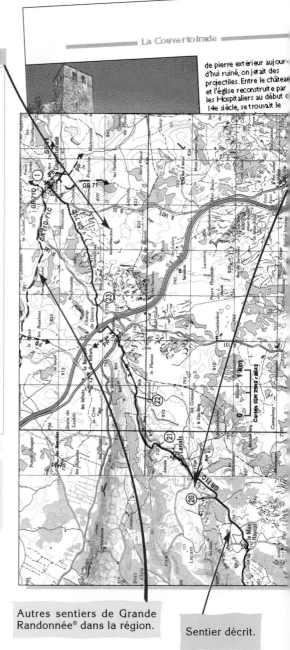

La Couvertoirade

de pierre extérieur aujour-
d'hui ruiné, on jetait des
projectiles. Entre le château
et l'église reconstruite au
les Hospitaliers au début d
14e siècle, se trouvait le

Courbes de niveau
Altitude · 974

Les courbes de niveau
Chaque courbe est une
ligne (figurée en orange)
qui joint tous les points
d'une même altitude. Plus
les courbes sont serrées
sur la carte, plus le terrain
est pentu. A l'inverse, des
courbes espacées indi-
quent une pente douce.

Route
Chemin
Sentier
Voie ferrée, gare
Ligne à haute tension
Cours d'eau
Nappe d'eau permanente
Source, fontaine
Pont
Eglise
Chapelle, oratoire
Calvaire
Cimetière
Château
Fort
Ruines
Dolmen, menhir
Point de vue

D'après la légende de la carte IGN au 1 : 50 000.

**Les sentiers de Grande
Randonnée®** décrits dans ce
topo-guide sont **tracés en
rouge** sur la carte IGN au
1 : 50 000 **(1 cm = 500 m)**.

La plupart du temps, **les cartes
sont orientées Nord-Sud** (le
Nord est en haut de la carte).
Sinon, la direction du Nord est
indiquée par une flèche rouge.

**Autres sentiers de Grande
Randonnée®** dans la région.

Sentier décrit.

des Sentiers de Grande Randonnée® ?

Vous êtes ici

============ L'élevage ovin sur le larzac =============

Vo ci plus de quatre mille ans que l'homme commença d'élever des moutons, animaux parfaitement adaptés à ce milieu de pelouses sèches, d'herbe courte, d'absence d'eau courante. La présence des troupeaux a grandement marqué

L'élevage actuel

L'évolution s'est amorcée dans le dernier quart du 18e avec l'intro-duction des cultures fourragères. Les possédants étaient des hommes éclairés conscients des ... à accomplir : produire une

Pour découvrir **la nature** et **le patrimoine** de la région.

Du Mas Raynal à Canals   `3 km` `45 mn` ▬

A 2 km du Mas Raynal, la Sorgues coule au fond d'un aven, profond de 106 m. Martel l'explora en 1889.

u Mas Raynal, emprunter la D 140 en direction de La Pezade.

20 Au niveau de l'embranchement des Aires, prendre à droite sur 500 m un chemin parallèle à la route. Suivre celle-ci jusqu'à **Canals**.

Description précise du sentier de Grande Randonnée®.

De Canals à La Pezade   `I km` `I h` ▬

Vestiges de fortifications, église du 18e siècle.

De **Canals**, continuer sur la D 140 sur 500 m.

21 Après le pont sur un ruisseau, obliquer à gauche sur un chemin montant qui se poursuit sur la crête. Retrouver la route.

22 Après quelques mètres, obliquer à droite sur un chemin parallèle. Emprunter à nouveau la route pour arriver à **La Pezade**.

Hors GR pour **Les Infruts** : `I km` `15 mn`
Aux Infruts : 🏠
Suivre la N 9 vers le Nord.

Quelques infos touristiques

Le Hors GR est un iti-néraire, généralement **non balisé**, qui permet de rejoindre un héber-gement, un moyen de transport, un *point de ravitaillement. Il est indiqué en tirets sur la carte.*

De La Pezade à La Couvertoirade   `4 km` `I h 15` ▬

À La Couvertoirade : 🏠 ⛺ ☂ ☷ ✗ ⓘ

A l'entrée du hameau de **La Pezade**, traverser la N 9 et prendre en face un chemin creux en direction de l'autoroute. Continuer tout droit jusqu'à la clôture, suivre celle-ci sur la gauche. Emprunter le passage souterrain et rejoindre la D 185. La traverser

23 Obliquer sur un chemin bordé de murets et de haies de buis en direc-tion de **La Couvertoirade**.

Pour savoir **où manger, dormir, acheter des provisions, se déplacer en train ou en bus**, etc.

(voir le tableau et la liste des hébergements et com-merces).

Couleur du **balisage**.

45

Le temps de marche pour aller de **La Pezade** à **La Couvertoirade** est de 1 heure et 15 minutes pour une distance de 4 km.

127

De **Saint-Malo (intra-muros)** à **la plage du Minihic** | 4 km | 1 h |

A Saint-Malo : 🖼 🎡 🛶 ⛺ 🍺 🍴 ✕ ℹ 🚌 🚆
A la plage du Minihic : 🍺 ✕ 🚌

1 Du château de **Saint-Malo**, *à marée basse,* longer la grève puis contourner la pointe de Rochebonne et gagner l'extrémité Est de la **plage du Minihic** *(à marée haute, on peut rejoindre Le Minihic en bus).*

De **Paramé (plage du Minihic)** à **Rothéneuf** | 6 km | 1 h 30 |

A Rothéneuf : 🎡 ⛺ 🍺 🍴 ✕ 🚌

2 Au bout de la plage du **Minihic**, emprunter la digue cimentée, puis s'élever à la base de la pointe de la Varde. Longer l'ancien fort et parvenir à l'extrémité de la pointe *(panorama).* Après le parking, rejoindre à gauche des viviers, suivre le littoral et obliquer à droite vers l'entrée du camping du Nicet.

3 Par la petite route, gagner le front de mer de la plage du Val, longer le haut de dune puis gravir des escaliers et retrouver le sentier côtier. Le quitter à la clôture de la propriété des Rochers Sculptés, rejoindre sa route d'accès et poursuivre en face par le chemin du Havre *(à gauche, à 500 m, chapelle Notre-Dame-des-Flots)* pour gagner **Rothéneuf**.

De **Rothéneuf** à **La Guimorais** | 2,5 km | 35 mn |

A La Guimorais : 🎡 (*en saison*) ⛺ 🍺 🍴 ✕ 🚌

4 A **Rothéneuf** *(à marée haute, suivre vers l'Est la variante balisée " mer haute "),* descendre à la plage du Havre. A l'extrémité de la plage, gravir un passage rocheux et suivre une sente sinueuse entre les pins de la colline de l'île Esnau. Descendre à la grève et atteindre une digue partiellement écroulée *(à marée haute, longer la rive Sud de l'étang du Lupin et suivre la D 201 puis la route de La Guimorais).*

5 Passer sur la digue.

▶ Variante : suivre la grève, faire le tour de l'île Besnard et longer la plage des Chevrets. Retrouver le GR® près d'un ancien blockhaus après La Guimorais en **6** *(pas de balisage ; 3,5 km, 50 mn).*

S'élever à droite vers **La Guimorais**.

De **La Guimorais** à **la pointe du Grouin** | 12 km | 3 h 30 |

A la pointe du Grouin : 🎡 (*en saison*) ⛺ 🍺 🍴 🚌

A **La Guimorais**, se diriger au Nord vers la ferme des Nielles puis, après un parking, emprunter le sentier en direction d'un ancien blockhaus.

6 Faire le tour de la pointe du Meinga *(panorama),* gagner la plage du Port. Passer en haut des dunes le long de la clôture de protection, contourner une avancée rocheuse puis traverser la plage de la Touesse.

7 S'élever sur la falaise de la pointe des Grands-Nez puis descendre sur la plage Du Guesclin. Longer la grève en contrebas de la digue et remonter à son extrémité, face au fort Du Guesclin.

Saint-Malo peut se vanter d'avoir vu naître de nombreuses personnalités. Commençons par Jacques Cartier, l'inventeur du Canada. Si ses trois voyages de 1534 à 1543 furent des échecs quant aux buts recherchés, ils permirent la reconnaissance des côtes, de Terre-Neuve à l'embouchure du Saint-Laurent, et l'exploration de ce fleuve au-delà de Montréal et l'édition de cartes.

Poursuivons par les corsaires, ces figures flamboyantes incontournables de l'imagerie malouine. Au Moyen Age, les Malouins avaient acquis une solide réputation de " pillards perfides " à une époque où la frontière était mince entre corsaires et pirates. Ce fut d'ailleurs le départ de certaines fortunes...

La guerre de course fut réglementée en 1681 par Colbert. En raison des guerres de la France avec l'Angleterre, la Hollande ou l'Espagne qui nuisaient au commerce malouin, certains armateurs se reconvertirent dans la course. C'est ainsi que Duguay-Trouin, fils cadet d'une famille d'armateurs, s'empara de Rio-de-Janeiro en 1711. Il finira lieutenant-général de la Royale. Il avait pris plus de trois cents navires marchands et trente vaisseaux ennemis !

Quant à Surcouf, il s'illustra dans le golfe du Bengale en 1801 par la prise du Kent, un vaisseau de 1200 tonneaux. Richissime, il prit sa retraite à l'âge de 35 ans et devint armateur... Inutile de présenter Chateaubriand, né par un jour de tempête, inhumé, face au large, sur l'îlot du Grand-Bé. C'est à Saint-Malo que se situe en 1792 l'épisode romanesque de son mariage clandestin devant un prêtre réfractaire. L'oncle de l'épousée, fervent républicain, la fit interner au couvent puis exigea une nouvelle union devant le curé constitutionnel.

N'oublions pas Mahé de La Bourdonnais, grand administrateur des îles Maurice et de la Réunion, le chirurgien Broussais, le mathématicien Mauperthuis et la haute figure de Lamennais, prêtre écrivain et humaniste, précurseur d'un christianisme libéral et social. Défenseur de la démocratie et des libertés, il voudra être enterré en fosse commune.

Tombeau de Chateaubriand. *Photo B. P.*

Tour Solidor. *Photo C. B.*

❽ Gravir la falaise, contourner la pointe du Nid puis descendre à la plage du Petit-Port. S'élever dans les pins maritimes et parvenir à la pointe des Daules *(à droite, ancien corps de garde)*. Gagner l'anse du Verger.

▶ A droite, sentier en direction de la chapelle du Verger *(ancien lieu de pèlerinage des marins de Cancale)*.

❾ Après le parking, passer entre la dune et l'étang puis en arrière de la dune. S'élever à droite puis gravir un chemin en balcon vers un ancien corps de garde. Contourner la pointe de la Moulière et descendre sur la plage de la Saussaye. La longer puis retrouver un sentier en balcon. Poursuivre à travers lande et pelouse, en contournant par la route un petit ravin, jusqu'à la **pointe du Grouin**.

Vaste panorama, possibilité de faire le tour de la pointe.

De la **pointe du Grouin** à **Port-Pican**   `3 km` `45 mn`

A Port-Pican :   🏠 🚌 *(en saison)*

❿ Gagner le parking de la **pointe du Grouin** et longer à gauche le sémaphore. Au niveau du blockhaus, descendre face à l'île des Landes *(réserve ornithologique)*. Par l'ancien chemin de ronde des douaniers, atteindre Port-Mer. Suivre le front de mer puis grimper à la pointe du Chatry et descendre sur **Port-Pican**.

De **Port-Pican** à **Cancale**   `5 km` `1 h 15`

A Cancale :   🏨 🛏️ ⛺ ☕ 🛒 🍴 ℹ️ 🚌

⓫ Quitter **Port-Pican**. Après une zone boisée, descendre sur la petite plage de Port-Briac et remonter pour effectuer un parcours en balcon jusqu'à la pointe de la Chaîne *(face au rocher de Cancale et à l'île fortifiée des Rimains ; vaste panorama)*. Suivre le chemin de ronde, en laissant les sentiers descendant vers le rivage. Parvenir à la pointe du Hock *(croix en granit)* puis à la pointe des Crolles sous le monument. Descendre à gauche sur le marché aux huîtres et le môle de la Fenêtre, au port de **Cancale**.

De **Cancale** à la **pointe de Château-Richeux**   `5 km` `1 h 15`

A Château-Richeux :   🏨 🛏️ 🍴 🚌 *(en saison)*

⓬ A **Cancale**, longer le port de La Houle, puis gravir la route de la corniche. 20 m avant le point de vue du Tertre à la Caille *(près d'un ancien moulin, large panorama sur Cancale et la baie du Mont-Saint-Michel)*, dévaler une sente jusqu'au rivage. Suivre le sentier en balcon, passer sous un lotissement et s'élever le long du mur d'enceinte du château de Vauléraut *(17e)*.

⓭ Tourner à gauche. Gagner la grève par un sentier entre cette propriété et celle de Beauregard. S'élever en haut de falaise, descendre un emmarchement et, par un large chemin, aboutir à la pointe de Château-Richeux. Après un escalier raide, suivre le chemin d'accès à l'aire de pique-nique de la **pointe de Château-Richeux**.

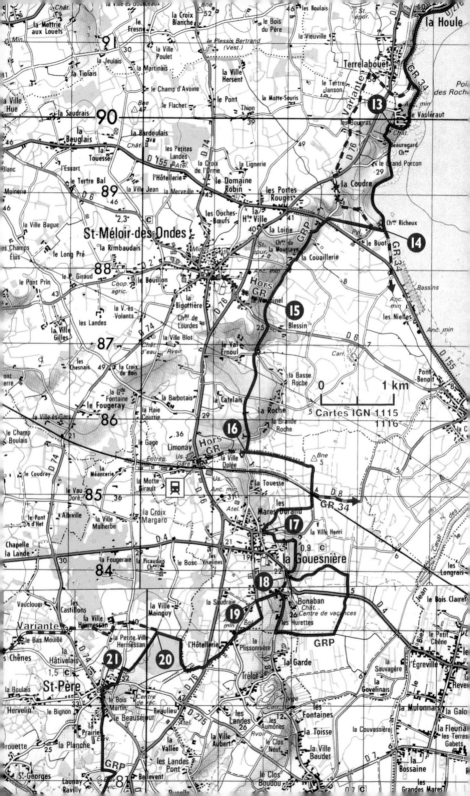

De la pointe de Château-Richeux à une intersection

`2,5 km` `45 mn`

⑭ Quitter la **pointe de Château-Richeux,** emprunter la route puis s'élever par un chemin goudronné *(à droite, La Coudre, chapelle et pavillon d'un ancien manoir 17e).* Traverser à gauche la D 155. Après La Pahorie, prendre à gauche la route du Clos puis un chemin dominant le marais. Au château de La Houssaye *(four à pain),* poursuivre par le chemin de La Couaillerie jusqu'à la station d'épuration et aboutir à une **intersection.**

> Hors GR® pour **Saint-Méloir-des-Ondes** : `1 km` `15 mn`
>
> *A Saint-Méloir-des-Ondes :* 🏨 🛏️ ⛺ ☕ 🛒 🍴 🚌
> Prendre le chemin à droite.
> Saint-Méloir-des-Ondes est un centre de primeurs (choux, choux-fleurs, pommes de terre, fraises, framboises, kiwis).

De l'intersection à La Ville-Dolée

`2 km` `30 mn`

⑮ A l'**intersection,** suivre la route, traverser la D 6 *(à gauche, manoir et chapelle de Blessin 18e, ancien lieu de pèlerinage des Terre-neuvas)* et continuer jusqu'au Pas-de-Pierre *(remarquer la falaise de l'ancien littoral).* Poursuivre dans la même direction par une sente étroite en bordure de champ. Cheminer tout droit sur 1 km entre les cultures. 200 m après le manoir de Vautouraude, atteindre **La Ville-Dolée.**

> Hors GR® pour **Limonay** : `700 m` `10 mn`
>
> *A Limonay :* 🏨 🍴 🚌 🚃 *(gare de La Gouesnière-Cancale)*
> Prendre la route à droite.

De La Ville-Dolée à La Gouesnière

`2 km` `30 mn`

A La Gouesnière : 🏨 ☕ 🛒 🍴 🚌

⑯ A **La Ville-Dolée,** emprunter à gauche le chemin en direction du marais et obliquer à droite vers la voie ferrée. De la D 8, s'engager dans un bon chemin rejoignant **La Gouesnière.**

De La Gouesnière au carrefour du Chênot

`7 km` `1 h 45`

La Gouesnière : église 17e, manoir de la Grand'Cour 17e.

⑰ A **La Gouesnière,** descendre la rue à gauche, gravir à droite la rue des Pommiers. Avant le lotissement, se glisser à gauche dans la sente de Notre-Dame-du-Bois-Renou. Contourner à mi-pente cette propriété privée *(lieu de pèlerinage, panorama sur la baie de Cancale et le marais, sous-bois tapissé de jacinthes en avril).* Prendre à gauche la D 4 sur 100 m.

▶ Variante : en poursuivant sur la D 4 puis la D 8 sous le parc du château, parcours raccourci de 3 km.

⑱ Tourner à gauche après le bois *(vue sur le château de Bonaban 18e).* Traverser à droite la D 4, se diriger vers l'Ouest pour s'élever le long du parc. Par la rue des Tertres, gagner Bonaban et tourner à gauche *(maisons anciennes, manoir).*

⑲ Au carrefour, emprunter le chemin à gauche. Gagner à droite la D 476 au niveau d'un ancien moulin. A la bifurcation avec la D 76, se diriger en face vers Beauvais. Contourner le bois par l'Est puis le Nord. Atteindre un **carrefour près du Chênot.**

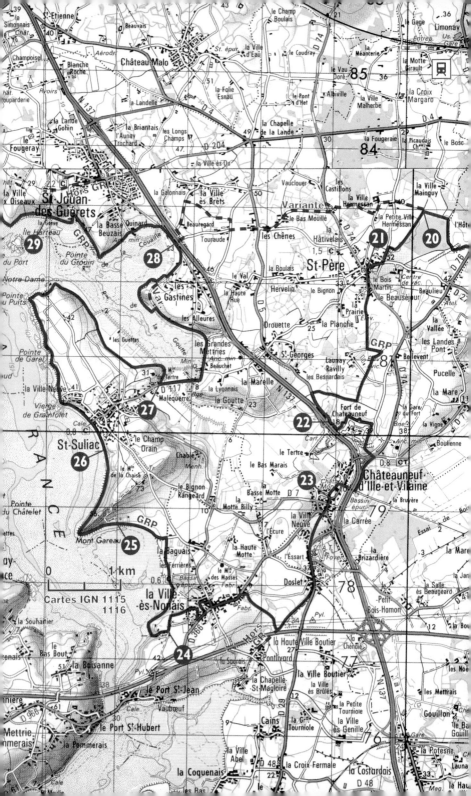

Variante

Du Chênot à La Couaille `4,5 km` `1 h`

Au **carrefour du Chênot**, poursuivre tout droit jusqu'à La Ville-Hermessan. 100 m au Sud, pénétrer à droite en sous-bois. A la D 74, emprunter la route des Chênes. Traverser la D 5. A Tourfaude, prendre le chemin en face des serres *(panorama sur la Rance)*. Descendre à gauche la route vers Beauregard puis **La Couaille**.

Du carrefour du Chênot à Saint-Père `1 km` `15 mn`

A Saint-Père :

⑳ Au **carrefour du Chênot**, suivre la lisière du bois puis gagner le centre de **Saint-Père**.

De Saint-Père à Châteauneuf-d'Ille-et-Vilaine `5 km` `1 h 15`

A Saint-Père :

㉑ Tourner à gauche de l'église de **Saint-Père**, obliquer à droite après 100 m vers le lotissement. Poursuivre sur le chemin, contourner par l'Est le domaine de Launay-Ravilly. Descendre un chemin transversal vers la D 5.

㉒ La quitter avant le pont de la N 137, s'élever vers le fort de Châteauneuf *(18e)* et en contourner les fossés. Traverser un chemin, une ancienne décharge et descendre en sous-bois. Franchir la D 74, longer les marais de Saint-Coulban. Passer sous la N 137 et gagner **Châteauneuf-d'Ille-et-Vilaine** par la rue de la Bruyère. S'élever par le jardin public sous le Petit-Château *(17e)* et les ruines d'un château Renaissance *(à droite, église 15e et maisons anciennes 16e)*.

De Châteauneuf-d'Ille-et-Vilaine à La Ville-ès-Nonais `3,5 km` `50 mn`

A La Ville-ès-Nonais :

㉓ Quitter **Châteauneuf** par les rues du Cas-Rouge, de la Carrée et de Saint-Esnery. A la sortie de Doslet, obliquer au calvaire dans un chemin herbeux vers la N 176 puis s'élever vers **La Ville-ès-Nonais**. Effectuer un crochet par l'église et un vallon boisé.

De La Ville-es-Nonais à Saint-Suliac `5 km` `1 h 15`

A Saint-Suliac :

㉔ Au cimetière de **La Ville-es-Nonais**, descendre des sentes dans le lotissement puis rejoindre à l'Ouest un chemin *(vue sur le mont Gareau et le carré de digues d'un camp Viking)*. S'élever vers une route et la descendre vers la cale. Suivre le sentier du littoral jusqu'à la route de La Baguais et longer la grève.

㉕ Au début de la montée, s'engager à gauche dans une sente. Contourner le mont Gareau et atteindre la cale de **Saint-Suliac** après un parcours en sous-bois.

De Saint-Suliac à La Couaille `8 km` `2 h`

㉖ Longer le quai de **Saint-Suliac**, poursuivre en haut de grève et s'élever vers l'oratoire de Grainfollet *(à marée haute, passer par le haut du bourg)*. Gagner la pointe du Puits, longer la grève jusqu'à la digue du marais des Guettes. Par un chemin ombragé, parvenir à la D 117.

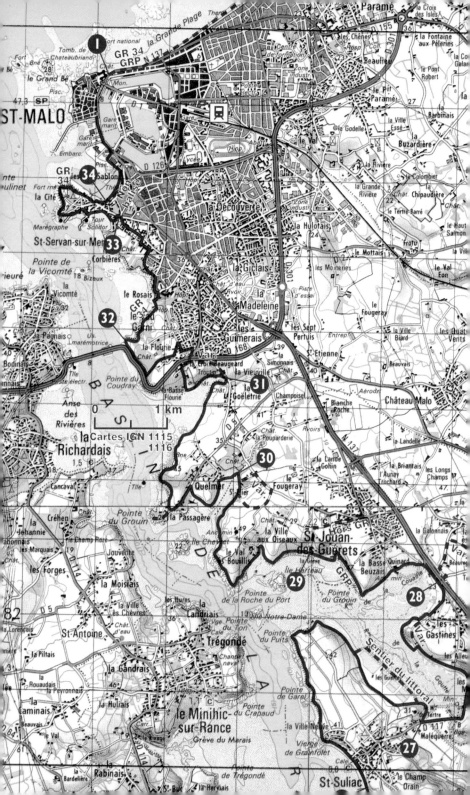

27 Suivre cette route, continuer le long de l'anse *(moulin à marée)* puis descendre une sente vers la grève *(à marée haute, poursuivre par la route)* et retrouver la D 117 pour gagner **La Couaille**.

De **La Couaille** à **La Grève**   `2 km` `30 mn` ▬

28 Après le pont de La Couaille, suivre le sentier du littoral vers le moulin de Quinard (servitude de passage) puis jusqu'à La Grève.

> Hors GR® pour **Saint-Jouan-des-Guérets**   `1 km` `15 mn`
> A *Saint-Jouan-des-Guérets :* 🛏 🛍 🛒 ✕ 🚌
> Prendre le chemin qui monte.

De **La Grève** au **barrage de la Rance**   `9,5 km` `2 h 30` ▬

29 Après **La Grève**, gagner la crique du Val-ès-Bouilly puis la pointe de la Roche-du-Port. Descendre sur l'anse Saint-Hélier et longer le mur d'une propriété *(à marée haute, la contourner par l'Est).*

30 Franchir le ruisseau *(lavoir)*, longer Quelmer. Poursuivre dans une sente au-dessus du rivage *(vue sur la malouinière du Bosq 17e)*. Au cimetière de bateaux, s'élever vers la route. Retourner à droite dans Quelmer *(à gauche, demeure du commandant Charcot, cale de La Passagère).* Emprunter à gauche la rue Adrien-Chevalier pour retrouver le sentier du littoral qui rejoint le fond de l'anse de Troctin

31 La contourner *(sentier inondable par forte marée)*, gravir le chemin asphalté après la terrasse du château de La Basse-Flourie. Passer à droite sous la D 168, traverser la D 201 *(prudence)*. Plus loin, tourner à gauche dans la rue de Coëtquen, passer à gauche du lotissement et prendre à gauche la rue de l'Achille *(au bout, chapelle ruinée de La Flourie 17e-18e).* Emprunter à droite un chemin gravillonné puis descendre dans la hêtraie. Suivre la promenade de La Briantais jusqu'à un escalier près du **barrage de la Rance**.

Du **barrage de la Rance** au **centre de Saint-Servan**   `3 km` `45 mn` ▬

A *Saint-Servan :* 🗓 🛏 ⛺ 🛍 🛒 ✕ 🚌 🚉

32 Laisser à gauche le **barrage de la Rance**. Continuer dans le parc puis sur la route au-dessus de la plage et du cimetière marin du Rosais. Tourner à gauche *(belvédère)* puis descendre l'accès à la plage des Fours-à-Chaux. Prendre à droite la promenade puis une rue ascendante et se diriger à gauche, après la résidence de la Concorde, vers le **centre de Saint-Servan**.

De **Saint-Servan** au **port des Bas-Sablons**   `2 km` `30 mn` ▬

33 A **Saint-Servan**, descendre la rue de la Fontaine et suivre le quai vers la tour Solidor *(14e)*. Longer le port Saint-Père. Par des escaliers, rejoindre le chemin de la Corderie et la corniche contournant la presqu'île d'Alet. Descendre sur le **port de plaisance des Bas-Sablons**.

Du **port des Bas-Sablons** à **Saint-Malo**   `2 km` `30 mn` ▬

A *Saint-Malo :* 🖼 🗓 🛏 ⛺ 🛍 🛒 ✕ ℹ️ 🚌 🚉

34 Longer la **plage des Bas-Sablons**, contourner le gymnase, franchir les écluses du Naye par la D 126 et gagner la ville close de **Saint-Malo**.

BIBLIOGRAPHIE

CONNAISSANCE GÉOGRAPHIQUE, TOURISTIQUE ET HISTORIQUE DE LA RÉGION

- Guide Vert, *Bretagne*, Editions Michelin
- Guide Bleu, *Bretagne*, Editions Hachette
- Guide Gallimard, *Côte d'Emeraude*
- Ille-et-Vilaine, *Encyclopédie Bonneton*, Editions Bonneton
- *L'Ille-et-Vilaine des origines à nos jours*, Editions Bordessoules
- BANEAT P., *Le Département d'Ille-et-Vilaine*, Editions Régionales de l'Ouest
- CAZILS N., *Cinq siècles de pêche à la morue*, Editions Ouest-France
- COURTOIS.B, *Les bords de la Rance maritime*, Editions Alan Sutton
- DE LA TORRE M., *Ille-et-Vilaine, l'art et la nature de ses 352 communes*, Nathan
- KERLO L. et LE BIHAN R., *Peintres de la Côte d'Emeraude*, Editions Le Chasse-Marée ArMen
- *Le Patrimoine des Communes des Côtes-d'Armor*, Editions Flohic
- *Le Patrimoine des Communes d'Ille-et-Vilaine*, Editions Flohic
- PICHOT-LOUVET J., *Cancale et sa baie*, Les Editions du Phare
- PICHOT-LOUVET J., *Les Huîtres de Cancale*, Les Editions du Phare

FAUNE ET FLORE

- BOURGAUT Y., *Les Oiseaux du Bord de Mer*, Editions Ouest-France
- BOURNERIAS M., POMEROL C. et TURQUIER Y., *La Bretagne du Mont-Saint-Michel à la pointe du Raz*, Guides Naturalistes des Côtes de France, Editions Delachaux et Niestlé
- GUILLON L.M., LEGENDRE C. et RETIERE C., *La nature en baie du Mont Saint-Michel*, Editions Ouest-France
- HARRIS A., TUCKER L.et VINICOMBE K., *Identifier les oiseaux*, Les Guides Pratiques du Naturaliste, Editions Delachaux et Niestlé
- LEMOINE C. et CLAUSTRES G., *Connaître et Reconnaître la flore et la végétation des côtes Manche-Atlantique*, Editions Ouest-France
- LEMOINE C. et CLAUSTRES G., *Les Fleurs du Bord de Mer*, Editions Ouest-France

CARTES ET TOPO-GUIDES DE RANDONNÉE

- Cartes IGN au 1 : 25 000 n° : 1016 ET, 1116 ET, 1117 O, 1215 OT, 1216 O et E
- Carte IGN au 1 : 50 000 Plein-Air - Côte d'Emeraude, Rance, Baie du Mont-Saint-Michel
- Carte IGN au 1 : 100 000 n°16
- Carte IGN au 1 : 125 000 n°35 Ille-et-Vilaine
- Carte Michelin au 1 : 200 000 n° 59

Pour connaître la liste des autres topo-guides de la FFRP sur la région, se reporter au catalogue disponible au Centre d'information Sentiers et randonnée (voir " Où s'adresser ? ").

REALISATION

La réalisation de cette opération a mobilisé de nombreux partenaires :

- le Conseil Général d'Ille-et-Vilaine (Service des Espaces Naturels) pour l'inscription des itinéraires au PDIPR ; les travaux d'aménagement effectués pour rendre viables ces itinéraires ; l'intervention des équipes des chantiers d'insertion pour leur entretien ; l'aide apportée aux communes et communautés de communes pour le suivi des sentiers de randonnée ;

- l'Office national des forêts ;

- la Direction départementale de l'Equipement (Bureau d'Exploitation Maritime).

Les circuits présentés dans ce topo-guide ont été sélectionnés en fonction de leur intérêt parmi de nombreux tracés réalisés par les communes et communautés de communes du Pays de Saint-Malo, du Pays de Dinan, et de la Baie du Mont-Saint-Michel.

Nous remercions tout particulièrement pour leur accueil et leur action les élus et techniciens suivants : M. Blay à Cancale, M. Cuguen à Saint-Briac, M. Pointel à Baguer-Pican, M. Noël à la Communauté de Communes de la Baie du Mont-Saint-Michel.

Beaucoup de circuits utilisent la servitude de passage en bord de mer, mise en place par la Direction Départementale de l'Équipement (Bureau d'Exploitation Maritime), avec l'assistance du Conseil Général d'Ille-et-Vilaine.

Les circuits en forêt de Villecartier ont été réalisés par l'Office National des Forêts.

Les circuits dans le Pays de Dinan ont été sélectionnés en collaboration avec le Comité départemental de la randonnée des Côtes-d'Armor.

Des associations locales, des bénévoles et baliseurs de la FFRP ont contribué à certains circuits : Saint-Lunaire en Marche, la MJC de Dol, André Gernigon, Esther Huet, Marcel Frison, etc. sans oublier les anciens " Sentiers Gallos ".

Le GR de Pays *Tour du Pays Malouin* a été mis au point par Bernard Houssais et balisé par Guy Royer et Amand Prioul.
Le recensement et le mise à jour des itinéraires ont été effectués par Bernard Houssais.

Ont contribué à la réalisation de cette œuvre collective :
- Colette Buisson, qui a reconnu tous les circuits, rédigé leur description et les textes thématiques de découverte
- Éliane Benoit, Agnès Degraeve, Jean Fulbert, Jacques Hirel, Yvette Loncle, Bruno Poussier
- Marie-France Hélaers a également participé à la rédaction des textes de description.

Les photographies sont de : Colette Buisson (C.B.), Yvon Boëlle (Y.B.), Guy Mitrate (G.M.), Patrick Chefson, Société d'Etudes et de Protection de la Nature de Bretagne (P.C./SEPNB), Philippe Prigent (Ph.P./SEPNB), R.P. Bolan (R.P. Bolan/SEPNB), E. Balança (E.B./SEPNB), M. Cavan (M.C.), Henri Fermin (H.F.), Yvette Loncle (Y.L.), Bruno Poussier (B.P.), A. Schrotter (A.S.), Syndicat d'initiative de Bazouges-la-Pérouse (S.I. Bazouges), Eric Spiegelhalter / Comité régional de tourisme (E.S./CRT).

En couverture : grande photo : Saint-Malo *(photo Yvon Boëlle)* ; vignette haut : enseigne *(photo Yvon Boëlle)* ; vignette bas : cormoran huppé *(photo Philippe Prigent/SEPNB).*

Les illustrations sont de Nathalie Locoste (N.L.) et Pascal Robin (P.R.)

Montage du projet et directions des éditions : Dominique Gengembre. Secrétariat d'édition : Philippe Lambert et Nicolas Vincent. Cartographie et fabrication : Olivier Cariot et Frédéric Luc. Mise en page : Oplale Média graphique (Outreau) et Jérôme Bazin. Suivi de fabrication : Jérôme Bazin. Lecture et corrections : Brigitte Bourrelier, Jean-Pierre Feuvrier, Elisabeth Gerson, Anne-Marie Minvielle, Hélène Pagot et Gérard Peter.

Création maquette : Florelle Bouteilley, Isabelle Bardini - Marie Villarem, FFRP. Les pictogrammes et l'illustration du balisage ont été réalisés par Christophe Deconinck.

Cette opération a été financée par le Conseil général d'Ille-et-Vilaine (Service des Espaces Naturels).

Pour découvrir
la France à *pied*

*Vous venez de découvrir un topo-guide
de la collection "Promenade et Randonnée". Mais savez-vous
qu'il existe dans toute la France, à travers...*

Un parc naturel

Un département

Pour choisir le topo-guide de votre région ou celui de votre prochaine destination vacances,
demandez le catalogue gratuit de toute la collection au
Centre d'Information de la Randonnée 14, rue Riquet - 75019 Paris - tél. : 01 44 89 93 93

ou consulter le site
www.ffrp.asso.fr
Les nouvelles parutions y sont annoncées tous les mois

INDEX DES NOMS DE LIEUX

Compogravure : Opale Média Graphique (Outreau) et MCP (Orléans)
Impression : Mame (Tours)